VOYAGES

PITTORESQUES ET ROMANTIQUES

DANS L'ANCIENNE FRANCE.

GIDE, fils, Libraire, rue Saint-Marc, n° 20.
G. ENGELMANN, rue Louis-le-Grand, n° 27.

VOYAGES

PITTORESQUES ET ROMANTIQUES

DANS L'ANCIENNE FRANCE

Par MM. Ch. NODIER, J. TAYLOR et Alph. DE CAILLEUX.

A PARIS.
DE L'IMPRIMERIE DE P. DIDOT L'AINÉ,
CHEVALIER DE L'ORDRE ROYAL DE SAINT-MICHEL,
IMPRIMEUR DU ROI.

M. DCCCXX.

BOUVINES

Chronique rimée ou Complainte sur
l'Ancienne France.

A MONSIEUR LE LIEUTENANT-GÉNÉRAL

MARQUIS DE LAURISTON,

PAIR DE FRANCE,
COMMANDEUR DE L'ORDRE ROYAL ET MILITAIRE DE SAINT-LOUIS,
GRAND-CORDON DE LA LÉGION D'HONNEUR,
GRAND'CROIX DE LA COURONNE DE FER, ETC.

Général,

*La gloire de l'*ANCIENNE FRANCE *est le patrimoine des Preux de tous les âges. Elle rejaillit du fond du passé sur les hommes qui honorent le présent. Un de ses rayons les plus éclatants tombe sur le guerrier homme d'état qui a servi la patrie avec honneur dans les camps et dans les ambassades, et qui a fait souvent admirer à l'Europe sa prudence dans les négociations et sa valeur dans les* batailles. L'hommage que nous offrons à votre courage et à votre caractère est l'expression de l'estime publique. Heureux si nous avions pu la manifester plus dignement!

Nous sommes avec respect,

GÉNÉRAL,

Vos très humbles et très obéissants serviteurs,
Charles NODIER, J. TAYLOR, Alph. DE CAILLEUX.

INTRODUCTION.

Les monuments de l'ancienne France ont un caractère et un intérêt particulier; ils appartiennent à un ordre d'idées et de sentiments éminemment nationaux, et qui cependant ne se renouvelleront plus. Ils révèlent dans leurs ruines des ruines plus vastes, plus effrayantes à la pensée, celles des institutions qui appuyèrent long-temps la monarchie, et dont la chute fut le signal inévitable de sa chute. Ce ne sont pas seulement les catastrophes du temps qui sont écrites sur ces murailles abandonnées; ce sont encore celles de l'histoire. A leur vue, tous les souvenirs des jours écoulés se réveillent; les siècles entiers avec leurs mœurs, leurs croyances, leurs révolutions, la gloire des grands rois et des grands capitaines, semblent apparoître dans ces solitudes. Autour des débris dont elles sont semées, vivent toujours, parmi les simples pasteurs qui ont élevé leurs cabanes sur la place d'un palais qui n'a plus de nom, les traditions merveilleuses de ces temps ingénus et crédules, âge d'ignorance et d'imagination, où une vive et profonde facilité de sentir accréditoit de famille en famille et de génération en génération les plus agréables mensonges. Long-temps après, de grandes vicissitudes politiques qui influèrent sur le développement des connoissances humaines, et qui permirent aux nations modernes de puiser dans tous les trésors de l'antiquité, rendirent aux amants des Muses grecques toutes les brillantes fictions de leur Parnasse classique. Des écrivains, des artistes, associés par cette heureuse conquête aux plus belles, aux plus pures inspirations du génie, transportèrent les ingénieux miracles des anciens dans des compositions nouvelles, dont les anciens auroient été jaloux. Le goût et l'imagination de la Grèce et de Rome régnèrent comme autrefois sur l'Europe renouvelée, et triomphèrent rapidement des inventions grandes et naïves, mais souvent incorrectes ou bizarres, de cet âge intermédiaire qu'on appelle la barbarie. Il est donc vrai que la poésie, que la mythologie de cette époque, sont aussi des ruines.

Ces considérations ne sont pas exclusivement particulières à nos monuments gothiques, quoique ces monuments soient la partie la plus essentielle de cette ancienne France que nous allons parcourir, et qui cessera de nous occuper à l'époque de la RENAISSANCE, ou du règne de FRANÇOIS Ier; mais sa durée illimitée dans le passé embrasse différents âges de l'art et de l'histoire, dont les souvenirs appartiennent essentiellement à l'archéographie pittoresque. Ainsi nous décrirons ces monuments classiques antérieurs à la décadence de l'ancienne Europe, et que les Romains ont laissés sur notre territoire, comme une marque de cette universelle domination qu'ils ont exercée sur le monde; nous décrirons ces monuments si imposants, si prodigieux, que les savants eux-mêmes ont surnommés *Cyclopéens*, parcequ'aux yeux des savants eux-mêmes et dans le siècle où l'extension possible des facultés de l'homme a été le plus avantageusement appréciée, il a fallu supposer, pour en expliquer la merveille, l'existence d'une autre race d'hommes; ou bien parceque le motif de leur inauguration ne se rattache à aucune tradition vraisemblable, à aucune histoire connue. Beaucoup plus rares en France, ils occuperont d'autant plus spécialement notre attention, qu'ils sont à peine désignés jusqu'ici dans l'itinéraire des voyageurs, qui n'ont sans doute pas méconnu leur caractère colossal et mystérieux, mais qui ont mieux aimé les passer sous silence que de les indiquer sans les expliquer, et que de donner une place à l'esquisse du peintre, à l'endroit où il n'y en avoit point pour la dissertation de l'académicien.

Le plan du vaste ouvrage que nous entreprenons pouvoit se présenter sous différents points de vue. Il sembloit d'abord devoir embrasser toute l'étendue de nos annales. Pas un seul château qui n'eût rappelé les chroniques d'une longue suite de preux, pas une abbaye qui n'eût rappelé les saints travaux des solitaires et les miracles des martyrs. Les moindres vestiges d'une inscription épargnée par le temps, les moindres traces d'une coutume

INTRODUCTION.

conservée par le caprice du hasard, auroient exigé de longues et soigneuses recherches, souvent stériles ou trompeuses dans leurs résultats; surchargé nos récits de détails trop insuffisants pour les lecteurs qui veulent apprendre, et sur-tout trop arides pour ceux qui ne veulent que se distraire; repoussé enfin dans un avenir indéfini le terme de notre entreprise. Quelle patience auroit osé en mesurer l'étendue, ou plutôt d'après quelles règles en auroit-elle posé les bornes? Tous les mémoires des historiographes, toutes les dissertations des savants, toutes les élucubrations des érudits rentrent dans la statistique du moyen âge. C'étoit l'encyclopédie de nos sciences, de nos arts, de nos connoissances, de nos erreurs, de tout le passé, avec toutes les idées et avec tous les événements: conception vague, immense, démesurée, qui peut tromper un moment un esprit ambitieux, mais qui épouvante la raison.

La carrière que nous nous sommes ouverte sera infiniment moins étendue. Ce n'est pas en savants que nous parcourons la France, mais en voyageurs curieux des aspects intéressants, et avides des nobles souvenirs. Dirai-je quel penchant, plus facile à sentir qu'à définir, circonscrit ce voyage dans les ruines de l'ancienne France? Quelque disposition mélancolique dans les pensées, quelque prédilection involontaire pour les mœurs poétiques et les arts de nos aïeux, le sentiment de je ne sais quelle communauté de décadence et d'infortune entre ces vieux édifices et la génération qui s'achève; le besoin, peut-être assez général d'ailleurs à tous les hommes, de jouir de l'aspect fugitif d'un tableau que le temps va effacer. Qui n'éprouveroit cette idée à la vue de ces restes qui s'écroulent de jour en jour, et qui, altérés par tous les accidents du temps, ne promettent plus assez de durée pour que nous puissions espérer que nos enfants les retrouveront?

Ce voyage n'est donc pas un voyage de découvertes; c'est un voyage d'impressions, s'il est permis de s'exprimer ainsi. Nous ne marchons pas sur la trace de l'histoire. Nous ne l'appelons à concourir à nos émotions qu'autant qu'elle les fortifie de ses graves témoignages, et qu'elle agrandit encore par quelque récit imposant la majesté des monuments. Il y a plus; nous n'accueillons jamais avec un intérêt plus vif les renseignements qu'elle nous a transmis, que lorsqu'ils nous parviennent par la voie de la tradition, et que la mémoire des hommes, frappée d'un souvenir qui retentit à travers les siècles, rend à notre esprit l'histoire sensible et vivante. Combien de fois la simple narration de notre guide rustique, insouciant héritier de ces richesses, a éclairé pour nous les débats de deux chroniqueurs contemporains! Plus faciles même dans notre confiance, nous admettons jusqu'aux notions qu'une critique sévère dédaigneroit de combattre, nous les admettons, dis-je, non pour les recommander comme des autorités aux lecteurs studieux, mais pour les offrir comme des objets d'émotions nouvelles aux lecteurs sensibles. Nous ne repoussons ni l'erreur touchante d'une piété trop crédule, ni la folle erreur que le hasard a fait naître et que l'imposture a entretenue. Nous aimons au contraire à recueillir dans les vieux donjons la fable de la fée protectrice, dans les hameaux celle du lutin familier. Nous retrouverons Mélusine sur ses tours, et les follets de Carnac errants en robes de flammes à travers leurs sauvages pyramides. Ce sont là des préjugés, sans doute : mais la mythologie des peuples anciens se composoit aussi de préjugés, et ces mensonges enchanteurs sont devenus la poésie de tous les peuples. C'est leur doux prestige qui perpétue à travers les siècles la gloire de la Grèce et de Rome, et qui conserve à ces anciennes maîtresses de la terre un empire plus sûr que celui de la force et des conquêtes. Qu'on ne s'imagine pas que pour être moins heureusement consacrée par le génie des poëtes, notre vieille mythologie ait moins d'agréments et de charmes. Plus indigente peut-être en inventions gracieuses, en allusions spirituelles, en brillantes allégories, elle entraîne par la douceur des sentiments, elle accable par la majesté des souvenirs, elle éblouit par la variété des images. Elle a été pour les modernes qui ont su en user une mine presque inépuisable de trésors. C'est à elle que le Dante a emprunté ces tableaux terribles qui ont inspiré Michel-Ange ; Shakespeare, ses sorcières si redoutables, ses esprits si aériens, ses fées si aimables et si charmantes ; les Allemands lui doivent les inspirations pleines d'originalité et de grace de trois ou quatre poëtes qui ne sont connus en France que par de courtes analyses, à la vérité presque aussi poétiques que leurs écrits, car elles sont heureusement sorties de la plume éloquente de madame de Staël. Elle anime enfin aujourd'hui le génie de ce lord Byron, le Goëthe, le Schiller de l'Angleterre, que des études plus réfléchies et une maturité de goût plus avancée rendront un jour, peut-être, son Klopstock ou son Châteaubriand. Nous aussi, nous aurions déjà notre lord Byron,

INTRODUCTION. 7

si une recherche incroyable de perfection ne réprimoit pas l'essor d'un jeune talent qu'aimera la postérité, et dont les riches compositions en ce genre n'ont encore charmé que l'amitié, M. Delatouche, qui me pardonnera sans doute à ce titre d'avoir jeté d'avance sur son obscurité volontaire l'éclat d'un suffrage à venir auquel sa modestie ne le dérobera pas.

Le titre de ces *Voyages* semble annoncer que nous nous occuperons des sites pittoresques si multipliés dans notre belle patrie. C'étoit même notre première intention, car quelle ame sensible aux merveilles des arts et de la poésie ne se sent émouvoir par le spectacle toujours varié de la nature? Cependant nous avons senti avec regret que ce cadre infini ne convenoit pas aux conceptions bornées de l'homme. Nous sommes encore dans la force de la vie, et toutefois nous sommes obligés de franchir l'espace en courant pour aller de ruine en ruine décrire d'anciens édifices et méditer sur des tombeaux. Épris de nos travaux, nous osons à peine les contempler dans leur vaste ensemble, quand nous pensons qu'au milieu de tant de monuments de la mort dont nos crayons conserveront le souvenir, le sort des générations passées va nous atteindre à notre tour, et que notre zèle insuffisant peut voir ses entreprises bornées avant qu'elles soient accomplies. Que seroit-ce dans le cas où, observateurs amoureux de tout ce qui flatte les pensées de l'homme, nous nous arrêterions à tous les tableaux que nos superbes campagnes ne cessent d'étaler sous les yeux des voyageurs? Que dis-je? en est-il un seul dont l'inconcevable mobilité, dont la diversité inépuisable ne puisse fournir des galeries au paysagiste, des volumes à l'écrivain? Les saisons n'ont point de contrastes, les jours n'ont point d'accidents, le cœur humain n'a point d'impressions et de caprices qui ne modifient tous les aspects de l'horizon le plus borné, d'une forêt, d'un bocage, d'un arbre; les poëtes diroient, et nous avons souvent éprouvé, qu'il ne faut pour tout changer qu'un rameau brisé par le vent, qu'une touffe de feuilles desséchées avant le temps et qui se détachent en tournoyant de leur tige, qu'un oiseau qui passe dans l'air en poussant un cri, ou qu'une abeille qui murmure.

La description générale des sites, souvent exécutée en détail avec beaucoup d'esprit et de goût, n'est pas d'ailleurs une chose pressante. Ils restent, changent peu de formes ou s'embellissent en changeant. Les monuments passent; ils passent rapidement, sur-tout quand ils appartiennent, comme je l'ai dit, à l'ancienne institution de l'État, et que l'institution nouvelle, impatiente de tout renouveler avec elle, conspire avec le temps pour les détruire ou n'oppose rien aux efforts du temps qui les détruit. Il imprime sa trace avec tant de puissance sur ces débris qu'en les voyant pour la seconde fois, nous avons déja hésité à les reconnoître, et que nos croquis, trahis par la précipitation des démolisseurs, ne sont peut-être aujourd'hui que le portrait de ce qui n'est plus. Nos descendants, heureux habitants de ces campagnes délicieuses, jouiront peut-être de loisirs assez doux pour les peindre. Quant à nous, derniers voyageurs dans les ruines de l'ancienne France qui auront bientôt cessé d'exister, nous aimons à peindre exclusivement ces ruines dont l'histoire et les mystères seroient perdus pour la génération prochaine. Nous ne détour-

INTRODUCTION.

nerons nos yeux des ouvrages de l'art que les siècles ne respectent pas, sur la scène de la nature dont les siècles n'altèrent pas l'impérissable beauté, qu'autant qu'un site pittoresque nous rappellera une époque historique, et nous offrira dans sa simplicité le caractère d'un monument. Quelquefois une plaine immense se déroule devant vous, et la nudité de ses champs monotones, l'âpreté sauvage de quelques coteaux éloignés, les sinuosités sans majesté et sans grace d'une ravine qui n'est pas même un torrent, tout cela ne dit rien à l'ame du spectateur; mais que devient cette sensation si vous apprenez que ce fut là le champ de bataille de votre héros favori, de Philopœmen, ou de Spartacus, ou de Bayard? Ainsi nous chercherons avec soin dans nos excursions l'arbre des fées d'où descendirent sur Jeanne d'Arc les inspirations des saints, protecteurs de la patrie, et le chêne de Ploërmel, vieux témoin du combat des Trente, dont les racines ont été rafraîchies du sang généreux de Beaumanoir.

Il en est de même des souvenirs qui appartiennent à une histoire postérieure à l'époque où se sont arrêtées nos recherches, quand ils agrandissent le sentiment que nous éprouvons ou qu'ils le forcent à changer d'objet. Un vieux château nous arrête, s'il est singulier dans sa structure, bizarre dans son aspect, remarquable par sa position et par son antiquité, même quand il ne se rattache à son histoire que les traditions douteuses ou les mensonges naïfs du peuple. Mais si au moment où nous parcourons ses hauts remparts, nous venons à apercevoir la grève d'où s'élança sur les mers le navire conquérant de Guillaume, ou bien la plaine où se déployèrent les escadrons vainqueurs de Henri; c'est Tancarville, c'est Arques; tous les points du paysage immense réveillent un souvenir, tous les noms rappellent un exploit; et qui pourroit négliger le cadre d'un pareil tableau, quand ce tableau si magnifique à la vue, si imposant à la pensée, si glorieux de souvenirs, n'a de bornes que le ciel et l'océan?

Le nouveau procédé connu sous le nom de *Lithographie* n'a pas obtenu l'approbation unanime des gens de goût; et le tort en est peut-être au mauvais usage qui a été fait de cette invention, comme de toutes les inventions nouvelles que l'ignorance dénature, et que le cynisme déshonore. Il ne nous appartient pas de décider ce que cet art peut produire, et de fixer le terme de ses perfectionnements: mais il nous est permis de penser qu'il présente pour un ouvrage du genre de celui-ci d'incontestables avantages. Plus libre, plus original, plus rapide que le burin, le crayon hardi du lithographe semble avoir été inventé pour fixer les inspirations libres, originales et rapides du voyageur qui se rend compte de ses sensations. Le nom des artistes supérieurs qui ont bien voulu s'associer à nos travaux, et dont les compositions toutes parfaites suffiroient à la gloire d'une entreprise moins importante; la sollicitude extrême avec laquelle on s'est attaché, dans l'exécution, à l'expression la plus fidèle de leur pensée; les procédés ingénieux, extraordinaires, souvent tout-à-fait nouveaux, qu'une muse qui soutient quelquefois sans danger la concurrence des autres, que la noble émulation de bien faire a suggérés à un de mes collaborateurs; tout semble garantir que nos essais se ditingueront par quelques avantages de ce qui a été exécuté jusqu'à nous. Si la lithographie, consa-

INTRODUCTION.

crée par d'admirables talents qui sont notre orgueil et notre espérance, lègue des souvenirs à l'histoire des arts, nos *Voyages* seront comme le *specimen* de ses découvertes et de ses progrès; et nous ne craignons pas de promettre qu'ils seront aussi le dépôt de ses chefs-d'œuvre. La communauté de travaux qui nous unit aux habiles dessinateurs dont nous avons emprunté les crayons, nous interdiroit le plaisir de les louer autrement qu'en les nommant; mais il nous sera permis de dire qu'ils ont fourni aux partisans de la lithographie le plus puissant, le plus irrécusable de leurs arguments. Ils ont prouvé la perfectibilité possible de ce procédé par la perfection même; semblables à ce philosophe grec devant qui on nioit le mouvement, et qui marcha.

L'idée de notre ouvrage ne pouvoit être nouvelle que par l'aspect sous lequel nous l'avons envisagée; et il y auroit un faste bien inutile d'érudition et de critique, à expliquer ici les motifs qui nous ont fait concevoir la possibilité de réussir parmi tant de concurrences. Il en est certaines cependant qu'une juste appréciation de nos forces nous auroit défendu de braver, à supposer une parfaite conformité dans le plan. Si l'ouvrage de M. de Laborde étoit renfermé dans les mêmes limites que le nôtre, s'il s'étendoit aux mêmes détails, s'il étoit conçu dans les mêmes vues, nous hasarderions sans doute une lutte trop inégale. Peintres ou écrivains, nous éprouverions la même inquiétude à paroître si vite après le magnifique itinéraire de M. de Forbin, et à subir avec lui une comparaison trop dangereuse[1]. Nous avons

---

[1] Je ne fais pas ici mention du *Voyage pittoresque* de M. Thiénon, qui a été en-

au contraire soigneusement circonscrit notre travail pour nous isoler de nos rivaux, et si le petit nombre d'exemplaires de nos *Voyages* que nous livrons au commerce, si ce premier produit d'une entreprise LIBRE et PRIVÉE nous concilie les suffrages des amis des arts, et nous mérite l'appui de leurs protecteurs naturels, nous ne jouirons de notre succès avec un peu d'orgueil que dans l'intérêt de la gloire et des souvenirs de la patrie.

Des motifs qui me sont plus personnels sembloient m'interdire une coopération téméraire à ce livre des monuments qui peut devenir un monument. Qui suis-je en effet pour me trouver uni aux talents éminents qui contribuent à sa publication? De quel droit oserai-je marier les froides descriptions de ma plume aux descriptions animées de leurs pinceaux? Pour participer à leur entreprise, il falloit pouvoir s'écrier comme le Corrége : *Et moi aussi, je suis peintre!* Ah! si des loisirs plus doux, si un repos qui est rarement accordé au génie, avoient permis à l'écrivain enchanteur et sublime dont l'exil, heureux pour sa renommée, produisit les charmantes merveilles de *René* et d'*Atala*, de faire, pour nos paysages et pour nos ruines, ce qu'il a fait pour les paysages de l'Amérique et pour les ruines de la Grèce; si du moins, mon cher Millevoye, la mort ne t'avoit pas frappé avant l'instant souvent desiré, souvent marqué dans nos espérances, où tu serois

trepris aux frais et sous la protection spéciale du gouvernement, parceque cet ouvrage, intéressant d'ailleurs sous beaucoup de rapports, et digne jusqu'ici de la faveur signalée qu'il a obtenue, se dérobe par le cadre ou le plan, et sur-tout par le format, les procédés de l'art, et la plupart des circonstances matérielles de l'exécution, à toute comparaison avec le nôtre.

INTRODUCTION. 13

venu exhaler quelques unes de tes belles élégies sur les restes de ces vieux édifices dont les inspirations ont souvent été si favorables à ton talent; si vous aviez pu, mon cher Ballanche, y confier à notre mémoire quelques unes de vos touchantes méditations; si l'art divin qui sait peindre les objets à l'esprit, par le seul intermédiaire de la parole ou de l'écriture, s'étoit associé dans notre ouvrage à l'art divin qui les peint aux yeux, c'est alors que s'élevoit sans doute un monument digne de la postérité. Une considération particulière absoudra toutefois mon insuffisance du reproche d'une ambition déplacée. Quand je souscrivis aux premières propositions qui me furent faites, j'étois loin d'embrasser le plan général des *Voyages pittoresques* dans la proportion immense qu'ils ont acquise en se développant sous l'influence de notre digne ami M. Taylor, dont le rare talent, les connoissances variées et le zèle infatigable seroient dignes, peut-être, d'une entreprise encore plus vaste, et à qui tout l'honneur de la nôtre doit se rapporter. Nous nous plaisons à lui rendre ce témoignage, M. de Cailleux et moi, pendant qu'il poursuit au loin ses ingénieuses investigations pour vérifier quelques faits douteux dans des notices pleines d'intérêt, ou pour tracer de nouveaux croquis dont le trait hardi et fidèle dirigera les habiles artistes qui nous prêtent leurs crayons.

Il me reste à payer un autre tribut aux personnes qui ont bien voulu encourager nos travaux, et les enrichir de précieuses instructions, ou même de productions excellentes, comme M. le colonel Atthalin, aide-de-camp de S. A. S. Mgr le duc d'Orléans, à qui nous sommes redevables de plusieurs dessins charmants qui seroient enviés par les meilleurs maîtres, et dans lesquels le crayon lithographique est devenu rival du burin.

Pour ce qui concerne cette première division de notre travail, nous ne saurions témoigner trop de reconnoissance à M. DESHAYES qui nous a fourni un mémoire plein de faits intéressants sur la péninsule de Jumièges; à M. LIQUET, jeune littérateur qui unit la brillante imagination d'un poëte à la sage et solide instruction d'un érudit, et qui nous a communiqué avec la politesse la plus obligeante les ouvrages les plus rares de la bibliothèque qui lui est confiée; à M. MEAUME, savant académicien qui a bien voulu diriger nos premières recherches; à M. LE PRÉVOST surtout dont il seroit superflu de rappeler ici les titres littéraires, et à qui sans doute il est réservé d'être un jour le Pausanias d'une province que nous ne pouvons observer qu'en passant, tant notre cadre est immense, et tant l'impatience naturelle à l'esprit de l'homme s'effrayeroit d'en voir reculer les bornes [1].

M. le comte de SESMAISONS est près de faire paroître avec M. Cassas un ouvrage fort important sur les antiquités de la Bretagne. Épris de l'honneur de son pays qui a toujours été la première de ses pensées, il ne s'est pas même occupé de la possibilité d'une concurrence particlle et passagère dont nous devons braver un instant le danger. Il a bien voulu nous ouvrir une bibliothèque immense, et mettre à notre disposition sa for-

---

[1] Tant de circonstances favorables expliqueront au public l'exécution rapide, et pour ainsi dire extemporanée de nos *Voyages*, dont les parties déja terminées compléteront incessamment l'ancienne province de Normandie, une des plus riches de la France en curieuses antiquités.

INTRODUCTION.

tune et son crédit dans le seul intérêt qui dirige les vrais François, celui de la gloire nationale.

Enfin quelques jours plus tôt, un nom garant de l'avenir nous auroit couvert d'une protection toujours assurée aux travaux utiles, aux entreprises honorables, aux idées françoises. Nous aurions pu nommer BERRY! et cette histoire des tombeaux, c'est au sien qu'elle commence!

CH. NODIER.

Ancienne Normandie.

VOYAGES

PITTORESQUES ET ROMANTIQUES

DANS L'ANCIENNE FRANCE.

ANCIENNE NORMANDIE.

𝕷𝖔𝖚𝖛𝖎𝖊𝖗𝖘.

Le nom de Louviers rappelle d'abord l'heureuse position d'une ville riante et pittoresque dans une gorge fertile arrosée par la rivière d'Eure; la pompe élégante des forêts qui l'avoisinent, et dont la plus éloignée se développe en longs replis jusqu'à l'ancienne Pistae, aujourd'hui le Pont de l'Arche[1], séjour préféré de Charles-le-Chauve et siège de ses grands états; le souvenir des nombreux assauts qu'elle a soutenus contre les Anglois, celui de sa ruine héroïque en 1431, après une obsession de vingt-trois

---

[1] Suivant M. de Roquefort, dans une note de son excellente édition des Poésies de Marie de France, Pistae ou Pistis n'étoit point le même lieu que le Pont de l'Arche, mais un ancien château royal situé en face de cette ville, au confluent de l'Eure et de l'Andelle.

semaines, la renommée actuelle enfin de ses superbes manufactures. Ces impressions se fortifient d'une impression plus imposante encore à la vue de sa belle église paroissiale, un des monuments les plus curieux et les plus magnifiques des vicissitudes de l'art chez les modernes. Élevée sans doute avec lenteur et souvent restaurée par des architectes pleins d'une habile émulation, sa construction disparate, mais éminemment historique, la rend contemporaine du douzième, du treizième et du quinzième siècle. Il résulte de là une idée grande et merveilleuse, celle de la longévité de la pensée humaine. En effet, douze générations ont apporté à ce temple le tribut de leur patience et de leurs travaux. On sent que ce n'est pas ici l'ouvrage d'une société fugitive qui s'épuise en brillantes improvisations pour se procurer en passant les jouissances du présent. C'est celui qu'un peuple qui a la conscience de sa durée consacre lentement à une religion immortelle. Rien n'est pressé, parceque la société se repose avec sécurité dans la certitude d'un avenir infaillible. Tout est fixe, arrêté, invariable, tout ce qui existe continuera d'exister, et le monde peut attendre.

Il est remarquable que l'esprit social n'ait jamais plus d'intensité que dans ce qu'on appelle les temps d'ignorance. Les hommes alors ne dépensent pas leur imagination et leur sensibilité en frivoles disputes. Ils lancent le vaisseau des Argonautes sur les mers, lèguent des Iliades à la postérité, ou jettent des tours vers le ciel.

L'église de LOUVIERS doit avoir été construite au temps de nos premières croisades. On reconnoît à ses ogives plus élancées que celles du huitième siècle les élégantes traditions de l'architecture syrienne. La masse de l'édifice est cependant soutenue par d'énormes piliers d'architecture lombarde, dont le style, un peu étranger à celui de ces nouvelles constructions, ne choque toutefois ni les convenances du goût ni celles du sentiment. L'esprit s'accoutume sans peine à ce rapprochement qui révèle d'anciennes conquêtes du génie et du courage. Si le principe de l'architecture est, comme on n'en sauroit douter, l'imitation des forêts, premier asile de l'homme, ainsi devoit s'élever au retour des croisés le tronc vigoureux du chêne et du hêtre de nos bois, couronné des palmes de la Palestine.

Un certain nombre de croisées mauresques ont été percées dans les murailles. Des colonnes du même goût, admirables par leur élégance et le travail parfait de leurs bases et de leurs chapiteaux, décorent le grand portail. Dans sa partie principale et dans les pilastres du milieu, on ne peut méconnoître l'époque de la *Renaissance*, révolution glorieusement mémorable sans doute, qui nous rendit des conceptions pleines de noblesse et de pureté, mais peut-être aux dépens du sentiment religieux dont l'architecture gothique[1] étoit la plus parfaite expression. Le dôme somptueux des temples des idolâtres couronne mal la maison du Christ. L'imagination aime mieux y deviner quelques piliers qui semblent nouvellement enlevés aux forêts de Bethléem, et d'où s'élancent des arceaux aigus comme ceux qui portent le toit d'une étable. Oserois-je le dire une seule fois! cette révolution qui concouroit à peu près avec la découverte de l'imprimerie produisit dans les arts du dessin le même effet que celle-ci dans la littérature. Esclave ingénieuse du passé, devenue le tyran de l'avenir, l'imitation usurpa les attributs de toutes les muses; et justement fier de tant de richesses conquises à ses propres dépens sur les âges classiques, le génie de l'Europe moderne craignit d'être lui-même. Il s'arrêta.

Enfin, la trace d'une autre époque est marquée dans ce monument, et dans la plupart de ceux que nous avons à décrire, par des mutilations et par des ruines qui n'attestent cependant ni les victoires des Danois ni les fureurs de l'Angleterre. On dit qu'une autre divinité fut alors adorée sur ces autels, et que d'autres barbares lui firent hommage de ces débris.

[1] Nous nous servons toujours de ce mot consacré, sans lui attacher une valeur positive, qui seroit fausse et absurde. Ainsi quand nous parlerons tout-à-l'heure du *gothique syrien*, nous emploierons sciemment une formule hybride et inconvenante, par respect pour les conventions. En fait de nomenclatures, il ne s'agit que de s'entendre, et on entend généralement par le gothique, le style des siècles intermédiaires, de l'art à la renaissance.

Puisse l'histoire se tromper un jour sur les véritables auteurs de ces profanations, et son heureuse méprise absoudre le nom françois devant la postérité!

Il est probable que l'église au moment de sa construction ne devoit pas renfermer d'images, car tous les chapiteaux des colonnes qui appartiennent au premier âge du monument sont ornés de têtes et de personnages, supplément ingénieux du culte des saints contre la proscription exercée par les iconoclastes dont Charlemagne s'étoit montré le protecteur. La dévotion des fidèles ne pouvant plus se manifester par des peintures et des statues, elle cacha son pieux secret dans des ornements encore tolérés dont l'autorité s'augmentoit de toute la puissance du mystère. Ainsi fut conservé, par le plus touchant des artifices, le portrait des saints, des rois et des preux dans cette partie de la colonne où la riche imagination des Grecs n'avoit placé que des feuillages et des fleurs. Ainsi nous aurions pu retrouver naguère Clovis et sainte Clotilde dans un des chapiteaux de Saint-Denis.

A la droite du chœur est taillée une niche qui devoit être occupée autrefois par un saint Hubert. Le bas-relief extrêmement curieux qui est placé au-dessous, représente du moins une scène de son histoire fameuse dans la légende, et que les artistes de cette époque ont reproduite souvent, l'apparition d'un cerf miraculeux à un chasseur ajusté d'une manière chevaleresque, et accompagné de son chien. La console qui fait la base de cette niche est d'un travail délicieux. On y voit serpenter des pampres, chargés de feuilles et de raisins, dont l'exécution charmante nous a paru égale à ce que nous avions admiré de plus achevé en ce genre. Ils remplissent une large gorge surmontée de quelques filets qui forment les premières moulures. Cette espèce de cul-de-lampe est terminée dans sa partie inférieure par une autre ligne d'ornements qui n'est pas moins gracieuse. Ce sont des feuilles de chênes entremêlées de leurs fruits, et qui encadroient d'une manière ravissante cette agréable composition. Nous osâmes y voir un moment quelque chose de plus rare que les combinaisons de l'esprit et du goût, un tableau ingénu et parfait des progrès des premières sociétés. Le hasard seul auroit-il décidé le sculpteur à suspendre ces rameaux chargés du gland qui a nourri les anciens habitants de la terre, ces pampres enrichis de la grappe qu'ils ont conquise avec tant de joie, autour du monument consacré à l'homme devenu maître des espéces domestiques, chasseur et berger, agriculteur et guerrier? La vie nomade, la vie pastorale, la vie sociale enfin, combien d'ingénieux mystères dans un bas-relief gothique! Le sens de cette composition n'est réellement pas trop grossier pour un siécle de barbarie, et le fini délicat du travail feroit honneur aux siécles les plus perfectionnés.

Les statues placées devant les piliers du chœur paroissent du même âge de sculpture. Les vitraux, dont une partie a été heureusement conservée, doivent être en général fort anciens; peut-être même quelques uns remontent au treizième siécle, si l'on en juge par l'ordonnance naïve et bizarre du sujet, par la rudesse anguleuse du dessin, et sur-tout par le ton éclatant et vigoureux des couleurs.

La porte extérieure du côté du midi est d'un gothique très élégant, et où commencent à se développer ces brillantes réminiscences du levant, trésors rapportés au prix de tant de périls glorieux du tombeau de Jésus-Christ. Cette ère bienfaisante du christianisme qui nous a rendu toutes les sciences morales faisoit revivre au même instant toutes les inspirations du génie et des arts que nous avons vus depuis s'altérer et prêts à finir avec elle. Les graces et les merveilles de la croix sont écrites par-tout sur les murailles de la vieille Europe comme sur le *labarum* de Constantin.

Quelques chevaliers du temple arrivèrent à LOUVIERS vers la fin du douzième siécle, et y firent construire une maison qui existe encore. Le style et le caractère de ce bâtiment sont d'autant plus curieux qu'il reste infiniment peu d'habitations particulières d'une époque aussi reculée. Nous n'avons observé jusqu'ici qu'un petit nombre de manoirs postérieurs d'un ou deux siécles au moins, et dont l'examen aura cependant quelque intérêt pour l'histoire comparée des accroissements de l'art dans ses doubles rapports avec le sentiment du beau et les convenances de la vie domestique.

Le mélange du goût italien avec le gothique syrien est très remarquable dans ce petit monument. On le reconnoît à je ne sais quelle alliance d'élégance et de sévérité dans les détails, au fût court des colonnes, à la forme des chapiteaux, à la disposition singulière et hardie de trois croisées supérieures qui forment une triple ogive.

L'intérieur est partagé en trois étages. Ses planchers sont soutenus par des colonnes lourdes qui n'ont guère que sept diamètres de hauteur, et dont le chapiteau offre des détails lombards du style le plus ancien. Pour parvenir jusqu'à la poutre qui traverse l'appartement, l'architecte a placé une pièce de bois qui porte dans toute sa longueur sur cette espèce de piliers, et dont les deux bouts sont taillés de manière à présenter une corniche bizarre. Cet intérieur a été probablement conservé dans le travail de l'artiste qui fut chargé dans des temps plus récents de réédifier le manoir, et qui se contenta de coordonner les nouvelles constructions avec les premières.

Au reste, la poésie de ce bâtiment s'agrandit de toute la solennité des idées qui se rattachent à l'ordre illustre et déplorable des templiers. Il y a quelquefois dans les ouvrages mêmes des hommes quelque chose de plus beau que l'art, de plus élevé que le génie, et qui impose un genre de respect plus touchant, plus profond, plus universel que l'admiration, cette pitié que ne sollicitent jamais en vain les grandes vicissitudes de la fortune et de la gloire, et qu'on pourroit appeler la religion du malheur. Le *temple*, ou le manoir des templiers, a laissé presque par-tout avec son nom, et dans cette acception même dont l'origine se perd pour le peuple à travers l'obscurité des traditions les plus reculées, l'impression indéfinissable de vénération et de pieuse terreur que produit l'aspect des temples. Il réveille encore tous les souvenirs de cette milice héroïque de chevaliers et de martyrs, voués à la conservation des saints lieux et à la garde des pèlerins, boulevart du christianisme et terreur des infidèles, qui ont vaincu comme Alcide les brigands de la terre, affranchi les mers

LOUVIERS.

de leurs tyrans comme Pompée, ajourné les rois dans l'éclat de leur puissance au tribunal qui juge les rois et les nations, souri au supplice même, et dont au rapport de l'histoire, immortalisé par une admirable poésie, les concerts sacrés ne s'évanouirent que dans la flamme des bûchers.

Maison des Templiers.

Maison des Templiers.
Louviers.

Intérieur de l'Église de Louviers.

Intérieur de l'Église de Longpont.

Les deux amants

La cote des deux Amants.

En allant de Louviers à Rouen, on traverse la Seine pour la dernière fois sur le pont de l'Arche.

Quand nous y passâmes, le soleil descendoit vers le couchant. La saison étoit déja avancée, mais la végétation avoit conservé une partie de son élégante parure. Seulement le feuillage des arbres étoit frappé çà et là de quelques teintes d'un fauve orangé ou d'un rouge amaranthe qui en augmentoient la richesse pittoresque. On auroit dit de loin que les ormes et les tilleuls s'étoient chargés de fleurs plus vives ou de fruits plus éclatants que ceux que leur a donnés la nature. A notre droite se déployoit une belle campagne, la plus intéressante peut-être de toute la Normandie par l'agrément des sites et la variété des aspects. Au confluent de la Seine et de l'Andelle, dans le fond d'un vallon charmant coupé de diverses cultures et semé de villages et de hameaux parmi lesquels se distinguent les jolies fabriques d'Amfreville, s'élèvent deux monts presque jumeaux qui semblent se toucher par la base, mais qui laissent toutefois deviner derrière eux de nouveaux vallons cachés entre leurs détours, et de nouvelles forêts dont les massifs plus reculés s'aperçoivent de loin en loin dans la pointe de l'angle immense qu'ils décrivent sur l'horizon. Des hauteurs environnantes on voit la petite rivière d'Andelle et le fleuve qui va l'entraîner dans son cours se fuir, se rapprocher, se confondre, et descendre enfin réunis vers ce pont de L'Arche, dont le nom embarrasse depuis si long-temps les étymologistes, quoique l'idée qui y est attachée soit presque identique dans toutes les langues avec celle d'union ou d'alliance. Au reste, et par un hasard digne d'attention, c'est aussi auprès des grands confluents des eaux que se retrouvent la plupart des fictions d'amour, comme si de délicieuses allégories avoient dû consacrer partout le mariage salutaire des ruisseaux qui fécondent les prairies, l'heureux concours des fleuves qui enrichissent les villes, le croisement tumultueux des torrents, et les détroits des mers. Les fables ravissantes de Ceïx et Alcyone, d'Héro et Léandre, d'Aréthuse et Alphée n'ont probablement pas une autre origine. La Seine et l'Andelle se joignent pour ne plus se quitter au pied de LA CÔTE DES DEUX AMANTS.

Sur ce petit revers du coteau où s'étendent maintenant les domaines rustiques des habitants d'Amfreville, se déployoient autrefois les hautes murailles d'un puissant château dont les ruines ont depuis long-temps disparu. Là régnoit quelque tyran dont l'histoire et la tradition elle-même, si fidèle aux souvenirs merveilleux, ont depuis long-temps oublié le nom. Les gens du pays récitent qu'il fut père de la plus belle des damoiselles, et qu'il avoit attaché à la possession de sa main une condition dont les caprices féroces du pouvoir blasé expliquent à peine la bizarrerie. Le chevalier qui attireroit les regards de la jeune châtelaine, et qui mériteroit son choix, ne devoit obtenir le titre d'époux qu'après avoir emporté sa conquête du pied de la côte à son sommet. Il lui étoit prescrit de parcourir, sous son heureux fardeau, tout ce sentier rapide qui s'élance si audacieusement vers le ciel, et de ne pas se reposer, de ne pas s'arrêter un moment. Rien n'étonne son courage, rien n'affoiblit sa résolution, ni les difficultés de l'entreprise la plus audacieuse, ni les timides refus de l'amour inquiet. Les juges de l'épreuve en attendoient le résultat au-dessus de la plate-forme sous de superbes pavillons où étoit préparé l'autel, et où se disposoient les fêtes brillantes de la cérémonie. Plein d'impatience et d'amour, l'époux que cette beauté avoit choisi parmi la foule des prétendants, franchit l'espace avec une rapidité qui se ralentit à peine au moment où il alloit en toucher le but. Cependant, on le vit chanceler, fléchir, tenter un dernier effort, parvenir à l'endroit désigné pour le terme de sa course, et puis chanceler encore, et tomber. Un murmure confus d'espoir, et d'incertitude et de crainte avoit accompagné ses pas. Un cri de terreur s'éleva. Il étoit mort. L'amante ne lui survécut pas long-temps, et suivant la touchante expression de notre Ducis, dans un poëme charmant que nous aurions voulu rapporter tout entier[1],

> Lui mourut de fatigue, elle de sa douleur.

Tous deux trouvèrent leur tombeau dans le lieu même où l'on venoit de faire pour eux les apprêts d'une plus douce union. Puni de son extravagante cruauté par la perte de ce qu'il avoit de plus cher, le vieux châtelain fit élever sur cet emplacement une chapelle funéraire, inutile monument de ses regrets. Quelques siècles après, cette chapelle étoit devenue un vaste moutier, qu'on appeloit LE PRIEURÉ DES DEUX AMANTS, et dont le souvenir n'est pas entièrement effacé.

Ducis n'est pas le seul de nos poëtes à qui cette tragique aventure ait inspiré des vers. Bien des siècles avant lui, les Bretons en avoient fait un lai que Marie de France, la Sapho du moyen âge, transporta dans ses ingénieuses poésies. Mais, douée d'une délicatesse de tact et de sentiment qui caractérise à-la-fois son sexe et le tour particulier de son es-

---

[1] Je citerai du moins cet hémistiche admirable où respire toute la sensibilité, où brille tout le talent du poëte :

SON FARDEAU LE SOUTIENT.

Ce n'est pas ici une de ces alliances de mots si communes et si recherchées de notre temps. C'est la nature, la poésie et Ducis.

prit, elle a cherché avec soin à modifier l'impression que produit, dans la version populaire de cette histoire, la barbarie sans motif du père de la jeune fille. Ce vieillard devenu, au gré de la brillante imagination de Marie, souverain d'une puissante nation qu'on appelle les Pistréiens, n'a mis à la possession de sa fille une condition si difficile à remplir que pour éloigner des prétentions qui doivent le séparer d'elle; car depuis la mort de la reine, cette fille unique et chérie est sa seule consolation, et il ne voit pas sans effroi le moment de la quitter. Il n'y a pas moins d'art et de goût dans la manière dont Marie ménage la catastrophe, et justifie le consentement de l'amante, en supposant qu'elle n'a rien négligé pour soustraire son époux à tous les dangers de l'épreuve. Cette fille de roi a découvert qu'elle avoit à Salerne une parente riche et fort experte dans la préparation des médicaments : naïveté délicieuse qui transporte à cette époque d'innocence et de simplicité! Elle en obtient facilement un électuaire précieux dont la vertu divine dissipe à l'instant toutes les fatigues, et rend la fraîcheur et la santé aux corps les plus affoiblis. Plus sage et plus fortunée, si elle s'étoit précautionnée en même temps de quelque recette assurée contre la folle présomption de la jeunesse et de l'amour. L'amant refuse en effet de recourir à ce moyen certain de succès pour devoir tout son bonheur à sa propre force, et quand la damoiselle verse, sur ses lèvres déja décolorées, la liqueur impuissante, il est trop tard pour le sauver. Il a rendu le dernier soupir. On ajoute que le breuvage échappé à sa main défaillante communiqua une vertu salutaire aux plantes qui en furent arrosées, et que depuis ce temps la médecine va recueillir sur LA CÔTE DES DEUX AMANTS des baumes pour toutes nos douleurs. Homère n'a pas été plus heureux que le peuple dans l'appropriation des idées poétiques aux faits naturels.

Quoi qu'il en soit de l'authenticité de ces récits, et de l'événement plus ou moins vrai sur lequel ils reposent, à l'endroit où LES DEUX AMANTS cessèrent de vivre, on montre toujours quelques pierres éparses chargées de mousse, objet du pélerinage secret des jeunes filles de la contrée, qui vont encore y déposer à certains jours de l'année des rameaux et des fleurs. On croit que ces débris marquent la place où le père de l'infortunée lui consacra une sépulture, et une lampe antique, retrouvée en ce lieu bien des siècles après, passe pour y avoir éclairé les veilles de son deuil et de son désespoir.

Le château de Robert le Diable.

Les coteaux de la rive gauche de la Seine se distinguent par une habitude de configuration très particulière. Ce sont des cônes multipliés et tous semblables que séparent des gorges étroites à la base qui s'élargissent vers le haut. A vue d'oiseau, leurs sommets offrent une ligne sinueuse de cercles rentrants et sortants qui serpentent comme un feston, et qui enveloppent élégamment la plaine. Telle est à-peu-près la figure que devoit imprimer à des masses énormes de sable mobile l'action de la marée, et qui se reproduit souvent sur les côtes de l'Océan, soit dans le relief des falaises, soit dans la saillie des caps et l'enfoncement des baies alternatives. Il n'entre pas dans notre plan de tirer de cette observation une induction absolue; mais si la mer n'a point occupé cet espace, si, à des époques antérieures à toutes les traditions humaines, ce n'est pas l'agitation de ses eaux balancées par le flux qui a dessiné sur un continent aujourd'hui assez éloigné des caps et des baies terrestres, admirons ici une belle harmonie naturelle dans le choix de ces lignes onduleuses si analogues à celles que dessinent les flots, et qui préparent les yeux par une transition singulière et charmante au mouvement des terres littorales.

Le fondateur du château qui porte le nom de ROBERT, a su employer d'une manière merveilleuse ce phénomène géologique à la fortification de la position qu'il occupe, en faisant couper de part et d'autre jusqu'au-dessous du tiers supérieur de son élévation, les gorges qui le séparent des cônes voisins. La nature l'en avoit isolé par des inflexions douces et faciles du terrain, qui sont devenues des fossés profonds sous la main de l'homme. Des murailles menaçantes se sont élevées où se courboient avec grace de jolies pentes de gazon; mais par une compensation qui n'a tardé que peu de siècles à s'accomplir, une végétation nouvelle a recouvert à son tour ces murailles écroulées qui comblent maintenant une partie des fossés, et dont l'entassement réparera peu-à-peu les vaines usurpations du travail et de la patience. Encore quelques éboulements, c'est-à-dire quelques années, et ce cône qui fut une forteresse redoutable sera restitué à l'innocente beauté de sa forme primitive. Le voyageur n'y verra plus qu'une colline paisible qui n'a jamais reconnu d'autre pouvoir que celui de la nature, qui n'a jamais entendu retentir d'autres foudres que celles qui grondent dans les tempêtes du ciel.

Ce qui reste du CHATEAU DE ROBERT-LE-DIABLE est comme sa chronique une chose vague et informe qui rappelle quelques souvenirs merveilleux. Parvenu du village de Moulinaux au sommet des hauteurs les plus rapprochées, et en parcourant la petite esplanade circulaire qui suit le bord des fossés, on n'aperçoit que des masses de pierres entassées qui indiquent à peine l'usage des anciennes constructions. Cependant une tour devoit s'élever au nord. Au midi, on croit reconnoître à une profonde dépression du sol, et à la brusque élévation d'un tertre qui l'avoisine, la place des ponts-levis. Plus bas circule en effet une avenue tortueuse comme celle de tous les châteaux de la féodalité, et qui fuit sous un talus jadis inaccessible sans doute, puisqu'aujourd'hui que la mort a cessé de pleuvoir de la plate-forme qui le couronne, la culture hésite encore à s'en assurer la conquête. Enfin des souterrains qui se

LE CHATEAU DE ROBERT-LE-DIABLE.

seroient étendus, s'il falloit en croire la tradition, jusqu'aux rives de la Seine, attestent l'ancienne importance de ce monument. Quelques uns sont encore revêtus d'ouvrages de maçonnerie qui remontent au moins à l'époque des dernières invasions des Danois ou des Anglois. D'autres, simplement taillés dans le roc, doivent avoir été soutenus d'espace en espace par d'énormes piliers que le marteau avoit ménagés en creusant cette masse. Le peu qui en reste inspire la sécurité qui vient de la force. Cette architecture toute sauvage n'est pas d'ailleurs sans ornements, et il est rare que l'homme en soit économe quand la nature, plus prodigue encore, ne l'a pas prévenu; mais le suprême ordonnateur de ces montagnes a placé dans leur coupe intérieure une décoration parfaite. Ce sont des couches d'un silex de couleur sombre, quelquefois noir comme le jais, souvent marbré de bandes d'un bistre clair, ou noué de veines blanchâtres croisées comme les mailles d'un réseau, qui reposent parallélement à des distances égales sur de larges bancs de terre crayeuse, dont elles relèvent l'éclat. La disposition symétrique de leurs disques progressivement resserrés par une taille plus oblique, et aboutissant enfin à une des pierres noires dont se composent les couches supérieures comme à l'axe du monument, ne le cède point en ordre et en harmonie aux ouvrages les plus réguliers de l'art[1].

(1) Mon savant ami, M. Bory de Saint-Vincent, a remarqué une distribution semblable de couches siliceuses dans les cavités creusées par les habitants de Caster au pied de l'escarpement du plateau de Saint-Pierre près Maëstricht, dont nous lui devons une excellente description. « A mesure, dit-il, qu'on se rapproche du niveau « de la Meuse, et que la masse calcaire, humide, comprimée par le poids de ses « parties supérieures, passe à l'état d'une véritable craie, compacte, blanche et un « peu molle, les silex deviennent extrêmement nombreux ; ils se présentent alors en « bancs horizontaux, très remarquables par un aspect régulier qui frappe d'étonne- « ment jusqu'aux hommes les moins sensibles aux singularités de la nature. » *Annales générales des sciences physiques*, tom. 1, p. 257. M. Palisot de Beauvois, dont les sciences ont eu récemment à déplorer la perte, parle, dans un de ses mémoires, d'un phénomène géologique du même genre qu'il a observé dans le comté de Rowan, province de la Caroline du nord. Au milieu d'une colline d'un sable très fin, entre-

Arrivé au sommet de la montagne, on éprouve une impression qui tient de l'enchantement. Il semble qu'on soit emporté par les fées de ces temps reculés dont le Chateau de Robert atteste les merveilles, au milieu d'une nature nouvelle encore pour les yeux des hommes. A vos pieds, circule le chemin pittoresque de la forêt du Bourgtheroulde. Quelques villages élégamment groupés enrichissent plus loin de leurs fabriques et de leurs vergers les deux bords de la Seine, qui se déroule avec majesté dans une plaine immense à travers les paysages les plus gracieux. A gauche, le lit du fleuve qui s'élargit de plus en plus vous fait deviner l'Océan. Vous prêtez l'oreille pour savoir si la rumeur de la mer n'arrive pas jusqu'à vous, et votre illusion s'accroît quand un point blanchissant qui tremble à l'horizon, s'approche, s'agrandit, se déploie, et devient une voile. De l'autre côté, en suivant ces îles de verdure qui se succèdent, qui se confondent, et entre lesquelles la Seine se perd et se retrouve à chaque instant, comme un pont de cristal jeté de bocage en bocage dans des jardins magiques, vos regards s'arrêtent sur les tours superbes de Rouen. Ce que l'art a produit de plus magnifique se réunit dans ce tableau à ce que la nature a de plus riche et de plus varié. Il ne seroit cependant pas complet en beauté si quelques oppositions sévères n'en augmentoient le charme. Derrière vous, ce sont des montagnes toutes boisées qui ne manquent pas de grace, mais dont l'aspect ténébreux attriste d'autant plus le cœur qu'on ne comprendroit pas que l'homme eût oublié de les défricher s'il n'en étoit éloigné par quelque terreur superstitieuse. Ici, des ruines qui ne sont pas tout entières l'ouvrage du temps, et qui racontent, si l'on peut s'exprimer ainsi, les adieux

---

mêlé de petites pierres de quartz et de nombreuses parcelles de mica argenté, se trouve une veine de pierres disposées si régulièrement que les habitants qui l'ont remarquée depuis long-temps lui donnent le nom de *mur naturel*, et que des voyageurs ont même prétendu que c'étoit un véritable mur qui pouvoit avoir été construit à des époques reculées par quelque peuple aujourd'hui inconnu. Il est probable qu'on n'appliquera jamais cette singulière hypothèse aux innombrables collines de Normandie dont la coupe offre presque par-tout le même aspect.

LE CHATEAU DE ROBERT-LE-DIABLE.

de Jean-sans-Terre fugitif, quand, obligé d'abandonner ses provinces à nos preux, il cacha par-tout sous des débris la trace de son passage; des souterrains dont il ne reste que l'entrée et l'issue, et qui ont perdu jusqu'à l'apparence d'une communication intermédiaire, comme les traditions du temps passé; cette végétation exclusive enfin qui couvre si abondamment la colline, quoiqu'elle parvienne rarement à des sommets élevés, celle du coudrier dont les sions flexibles, bercés par un air doux ou froissés avec force par le vent de la nuit, gémissent ou sifflent en imitant les plaintes d'une jeune fille qui pleure. Ajoutez à cela quelques lierres morts de vieillesse, dont les bras desséchés ont blanchi sur les murailles, et quelques séneçons chargés de fleurs jaunes au milieu d'un gazon sec et brûlé comme s'il avoit été touché de la foudre, vous connoîtrez toute la flore de la montagne de ROBERT. Si quelque autre plante d'un port bizarre et d'un aspect inconnu frappe jamais vos yeux dans les environs, prenez garde de la fouler d'un pied imprudent. C'est *l'herbe qui égare*, l'herbe dont le pouvoir enferme le voyageur dans les circuits de la montagne jusqu'à l'heure où sa prière accoutumée vient dissiper les prestiges des mauvais esprits; et quelques efforts qu'il fasse auparavant pour retrouver la demeure où l'attendent sa femme et ses enfants inquiets, ils resteront long-temps, ils resteront inutilement sur le seuil, tournés vers le chemin qui doit le ramener.

Aucun souvenir historique n'est lié à la topographie de cet étrange monument, le plus mal conservé peut-être, mais un des plus imposants que nous aurons à observer. Une chronique, une romance, un fabliau, les dits des vieillards et des bergers, voilà sur ce qui le concerne toutes les autorités du passé pour l'instruction de l'avenir. ROBERT-LE-DIABLE n'est désigné, dans ces annales équivoques du moyen âge que leur titre classe parmi les mémoires des historiens, et leur caractère parmi les ingénieux mensonges des romanciers, que comme le fils d'un ancien gouverneur de Neustrie, dont la place chronologique est même assez indécise. Toutefois le bruit de ses déportements a retenti plus long-temps dans la contrée que la renommée de sa race. Son nom même y éveille encore ce sentiment de crainte respectueuse qui ne résulte ordinairement que des impressions récentes, et que j'ai remarqué avec plus de surprise chez les anciens Hénétes et les anciens Japides, aux noms d'Anténor, de Jason et de Dioméde. Tout le monde connoît aux environs du Chateau de Robert-le-Diable, et ses exploits aventureux, et ses amours désordonnées, et ses violentes victoires, et les infructueuses rigueurs de sa pénitence qui ne put désarmer le ciel. Les cris de ses victimes résonnent souvent dans les souterrains du nord, et viennent le glacer d'effroi dans ses promenades nocturnes, car Robert est condamné à visiter longtemps les ruines de son château et le tombeau de ses maîtresses. Quand les lunes d'automne balancent leurs rayons bleuâtres sur les hauteurs de la montagne, les font pleuvoir en traits mouvants à travers le feuillage plus rare des noisetiers, où les étendent en nappe ondoyante sur la mousse aux soies argentées, tout-à-coup au bruit éloigné de la Seine qui pousse un long gémissement suivi d'un long silence, au souffle des brises qui murmurent dans les feuilles sèches, au cri des arbres morts qui se rompent, un loup apparoît sur le coteau dans un sentier qui n'est pratiqué que de lui. Il s'avance lentement, s'arrête, regarde la forteresse, et remplit l'air d'affreux hurlements en se souvenant de sa gloire et de ses conquêtes. C'est toujours dans l'endroit le plus évident qu'il vient se placer; mais il n'y a jamais été surpris par le chasseur. En vain les habitants des hameaux voisins ont multiplié sur la porte de leurs maisons, comme autant de trophées, les dépouilles encore formidables des loups de la forêt. Le loup qui est animé par l'esprit de Robert subit, malgré toutes leurs embûches, sa malheureuse immortalité. On le reconnoît à son poil blanchi par l'âge, à l'attention douloureuse avec laquelle il regarde ses anciens domaines, et à sa voix plaintive qui ressemble à une voix d'homme.

Quelquefois même, s'il faut en croire les plus anciens de la contrée, on a vu Robert, encore vêtu de la tunique flottante d'un ermite comme le jour où il fut enseveli, parcourir les environs de son château, et visiter les pieds nus, la tête échevelée, ce petit recoin de la plaine où

LE CHATEAU DE ROBERT-LE-DIABLE. 37

devoit être placé le cimetière. Quelquefois un pâtre égaré dans le taillis voisin, à la recherche de ses troupeaux dispersés par un orage du soir, a été frappé de l'aspect redoutable du fantôme, qui erroit, à la lueur des éclairs, au milieu de ces fosses. Il l'a entendu, dans les intervalles de la tempête, implorer la pitié de leurs muets habitants; et le lendemain, il s'est détourné de ce lieu avec horreur, parceque la terre nouvellement remuée sembloit s'y être ouverte de toutes parts pour effrayer les yeux de l'assassin par d'épouvantables débris.

Ruines du Château de Robert le Diable.

Rocher du Tombeau de Joseph le Natale.

Souvenirs du Château de Robert le Diable.

Jumièges.

Saint Philibert tourmenté, de cette vocation de la solitude qui est le besoin des ames tendres et pieuses, se réfugie dans une presqu'île de la Seine, entre l'ancienne ville de Rothomagus et les bords de la mer. L'exemple de sa retraite attire après lui une centaine de cénobites qui bâtissent leur ermitage autour de son ermitage. Ce monastère, fondé sous la règle de saint Benoît, est élevé en 640. Quelques années écoulées, Dagobert visite cette république de saints, et lui fait cession du territoire qu'elle occupe, comme si une prévision divine lui annonçoit qu'elle doit devenir plus d'une fois l'asile de quelque prince malheureux de sa famille.

« C'est en ce sainct lieu, dit le vieux chroniqueur de Jumièges dont je
« craindrois d'altérer les paroles énergiques et naïves, ou les deux fils
« aisnez de Clouis second du nom et de saincte Bathilde furent destinez
« du ciel pour faire leur pénitence. L'histoire manuscripte rapporte comme
« ce Clouis aiant succédé fort ieune a la couronne de France, apres le
« décez de son pere Dagobert espousa une estrangere saxonne de nation

« nommée Bauldour ou Bathilde, que l'église a canonizée au nombre des
« saincts, de laquelle Clouis eut cinq fils, encore qu'aucuns historiens
« aient tu les deux premiers nez, a cause de leur forfait, qu'ils ont iugé
« indignes d'etre réuélez a la postérité pour enfans de roy.

« Entre les faicts mémorables de ce roy, on rapporte qu'iceluy meu de
« pitié et dévotion d'aller visiter le sainct sépulcre de Nostre-Seigneur, et
« autres lieux en la Terre-Saincte, laissa la régence du royaume a saincte
« Bathilde son épouse, par le conseil et aduis de ses princes et seigneurs;
« mais aussitot qu'il eut entrepris son voyage, accompaigné de la plus
« grande partie de sa noblesse qu'il auoit choisi pour l'assister, plusieurs
« seigneurs indignez et mal contents de ce que le roy les auoit laissé der-
« riere, commencerent a conspirer contre la royne et en exciterent plu-
« sieurs a sédition et réuolte, disans qu'il n'appartenoit pas qu'une femme
« et icelle estrangere commandast en France, voire mesme trouuerent
« le moyen de diuertir et enleuer ses deux fils aisnez de son obéissance.

« La royne aduertie de la conspiration en donna soudain aduis au roy,
« lequel onye cette nouuelle tourna bride en toute diligence, ce qu'aiant
« entendu les conspirateurs feirent amas de grandes armées soubs l'au-
« torité de ses deux fils, pour lui empescher son retour et prendre le
« gouvernement du royaume, et de faict se présenterent au champ de
« bataille contre lui, mais Clouis assisté de ses fideles serviteurs et se
« confiant en l'ayde du Tout-Puissant qui ne délaisse iamais les siens,
« mit en desroute ceste multitude de rebelles, une grande partie demeu-
« rez sur la place, les autres prenans la fuite, et ses deux fils auec les prin-
« cipaux conspirateurs, prisonniers et amenez a Paris, ou le roy estant ar-
« riué, fit assembler tout son conseil, seigneurs et princes, pour donner
« iugement contre tous ces rebelles, lesquels furent condamnez a diuers
« genres de mort, selon le démérite d'un chacun. Mais pour le jugement de
« leurs princes, supplierent sa maiesté les en vouloir excuser, disans qu'il
« n'appartenoit qu'au roy et a la royne de chastier leurs enfans, et que s'il
« ne luy plaisoit les condamner luy mesme, qu'il en donnast le iugement
« a la royne leur mere: ce que le roy eust pour agréable.

« Alors la royne Bathilde inspirée de l'esprit de Dieu qui ne pouuoit
« laisser un tel excez impuni, aimant mieux que ses enfans fussent chas-
« tiez en leur corps que d'estre reseruez aux supplices éternels, par une
« séuerité pitoyable et pour satisfaire aucunement a la iustice diuine, les
« déclara inhabiles de succéder a la couronne. Et d'autant que la force et
« puissance corporelle qui leur auoit serui pour s'esleuer contre leur
« pere consiste aux nerfz, ordonna qu'ils seroient couppez aux bras, et
« ainsi rendus impotents les fit mettre dans une petite nacelle ou ba-
« teau, auec viures, sur la riuière de Seine, sans gouuernail ou auiron,
« assistez seulement d'un seruiteur pour leur administrer leurs necessi-
« tez, remettant le tout'a la prouidence et misericorde de Dieu, soubs la
« conduitte duquel ce bateau deualla tant sur la riuiere de Seine qu'il par-
« uint en Normandie et s'arresta au riuage d'un monastere appelé des an-
« ciens IUMIEGES, commencé a fonder par le roy Dagobert. Dont sainct
« Philibert qui en estoit le premier abbé en estant aduertj les alla trouuer
« accompaigné de ses religieux, sceut quels ils estoient et la cause de
« tel euenement, et admirant leur contenance et maintien tout auguste,
« les receut gracieusement et les mena en son monastere ou par ses
« prieres recouurerent leur santé et furent instruits a la discipline monas-
« tique et a la vie spirituelle.

« Cependant le roy et la royne aduertis de cet heureux succez vindrent
« en toute diligence au monastère de IUMIEGES ou ils receurent une
« grande consolation et contentement, et rendans grace a Dieu consen-
« tirent que ce sainct propos et volonté de leurs enfans fut accompli,
« croyans fermement que Nostre-Seigneur les auoit destinez pour viure
« et mourir en ce lieu ou leur grand-pere Dagobert auoit desia consacré
« son cœur et son affection. »

Ce touchant épisode de notre histoire n'a pas été dédaigné par Ronsard, qui lui a donné place dans le quatrième chant de *la Franciade*, et qui l'auroit immortalisé, si,.au lieu d'un jargon informe, son génie avoit trouvé une langue faite. Celui que je vais extraire encore des vieilles annales de l'abbaye de JUMIÈGES est presque inconnu, même des légendaires.

JUMIÈGES.

« On rapporte de sainct Aichœdre, second abbé de ce monastere, qu'es-
« tant fort caduc et aagé, et aiant eu réuelation de sa fin, et craignant que
« ce grand nombre de religieux qu'il cognoissoit estre en grace ne fit
« nauffrage après son decez, il fit sa priere a Nostre-Seigneur d'y pour-
« uoir. Et la nuit ensuiuant, il veid un ange se promenant dans la salle ou
« dortoir ou ils reposoient tous, qui en toucha de sa verge quatre cents
« d'entr'eux, l'assurant que dans quatre iours le ciel qui les enuioit a la
« terre, les y enleueroit, et qu'il estoit l'ange gardien de ceste maison
« qui la conserueroit jusques a la fin. Dequoy ce sainct abbé les aiant
« aduerti, et eux s'estant préparez a cest heureux voyage et pris en
« l'église tous sains et allegres le sacré viatique du Sainct-Sacrement, ils
« s'allerent tenir chapitre auec leur sainct prélat qui les fit seoir chacun
« d'eux au milieu de deux autres des freres pour honorer et soulager leur
« tant glorieux trépas. Ces sacrez confesseurs chantans les diuins canti-
« ques auec leurs confreres commencerent a prendre le teinct et la lueur
« d'une face angélique et se tenans en leurs sieges d'un maintien tout
« celeste sans y chanceler ny faire le moindre signe d'aucune douleur, pas-
« serent tous de ceste vie en l'autre en un mesme iour, le premier cent
« a l'heure de tierce, le second a sexte, le troisième a nones, et le dernier
« cent a vespres. »

Ainsi JUMIÈGES, illustré par les miracles des saints et enrichi par la munificence des rois, devient peu-à-peu un des monuments les plus importants de l'ancienne France. Plusieurs fois il est ravagé par la guerre, plusieurs fois il se relève de ses ruines. Les Danois brûlent l'abbaye en 840. Ils passent, et une fresque attachée à ses murailles reste bientôt le seul témoin de leur invasion et de leurs excès. Plus tard, Charles VII vient y chercher un asile, et Agnès Sorel un tombeau. Nous verrons bientôt à quelque distance dans le joli hameau du Mesnil le MANOIR de la Belle des Belles. Nous suivrons au bord de la Seine le sentier qu'elle avoit frayé. Non loin de là s'étendent les bois où aimoit à chasser le brave Guillaume de la longue épée, second duc de Normandie, qui expia par une pénitence volontaire le tort d'avoir rejeté le pain de l'hospitalité, parcequ'il le trouvoit trop grossier. Tels sont les souvenirs qui vont nous accompagner dans ces solitudes.

La péninsule de JUMIÈGES est tout-à-fait plane, et ne présente à l'œil que la triste uniformité d'une plaine marécageuse. La rive gauche sur laquelle existent quelques maisons qui appartiennent au même lieu, et qui servent de dernier point de transition entre ce désert et le monde, offre au contraire un mouvement extraordinaire dans le sol et toutes les traces d'une ancienne révolution physique. Des forêts entières couchées sous la surface de la terre s'y sont converties en tourbe, sans que la forme des arbres se soit sensiblement altérée. On y reconnoît encore l'aune, le bouleau, le coudrier et jusqu'à ses fruits ovales que supporte une coupe élégante. Ces végétaux qui furent si long-temps l'ornement des bois, unis depuis un temps incalculable par les ramifications de leurs branches et le chevelu de leurs racines, se divisent pour la première fois sous le louchet triangulaire du tourbier. A peine l'exploitation est achevée que les eaux envahissent la place de la tourbe, et se chargent d'une végétation nouvelle destinée à la reproduire un jour. Ce sont de longs roseaux qui imitent de loin par leur port et par leur bruit les forêts auxquelles ils ont succédé. L'un d'entre eux porte à son extrémité trois ou quatre flocons d'un coton éblouissant de blancheur, et si semblable à la neige qu'on a vu souvent les oiseaux du Nord s'abattre sur le marais dans les plus beaux jours du printemps, comme s'ils avoient retrouvé les grèves glacées où ils ont laissé leurs petits. Ce sont aussi des nénuphars jaunes et blancs dont les feuilles d'un vert lisse et les riches bouquets se détachent vivement du fond livide du marécage. Ce sont des lentilles d'eau, des renoncules et des cressons, répandus d'espace en espace comme de petites îles de verdure où des reptiles de mille espèces viennent s'exposer au soleil. Un grand insecte couleur de pois monte verticalement à la surface et s'y balance un moment comme un bateau dont il a la forme. Une petite couleuvre noire dont la tête est marquée de deux taches d'un gris de plomb, se glisse de feuille en feuille parmi les larges cœurs des nymphœas, écoute, regarde, tourne la tête à droite, à gauche, la soulève avec colère, se replie avec inquiétude, et roulée sur elle-même en demi-cercles égaux, finit par s'abandonner au mouvement de la feuille qui la soutient, qui plonge, qui se relève, et au milieu de laquelle elle dessine dans ses contours une givre de blason sur l'écu d'un chevalier.

La rive droite où est la presqu'île n'a pas de tourbières en exploitation, mais toutes les prairies qui embrassent le bois contiennent ou contiendront de la tourbe. Quoiqu'aussi élevées que le reste du sol, on les distingue à une végétation particulière, et sur-tout à une couleur plus sombre. Les contours de leur marbrure foncée qui représentent ceux d'une forêt livrée à elle-même révélent une forêt souterraine. Heureux territoire comblé pendant tant de siècles des bienfaits de Dagobert, de Clovis et de Charles VII, et qui a conservé de toute sa fortune passée les accidents d'un sol bouleversé par la nature, et la propriété d'un bois englouti!

L'entrée qui conduit au cloître est la plus riche partie de tout l'édifice. Elle précède la salle des Gardes de Charles VII, et on s'aperçoit en effet aux sculptures qui ont été prodiguées en cet endroit que l'architecte, préoccupé du projet de bâtir un palais, oublia que ces murailles devoient servir de clôture à un monastère. Vers la gauche s'ouvroit une galerie que décorent encore des ornements d'un goût exquis. Tout ce corps de construction, qui est régulier dans la distribution de son plan, a été nécessairement élevé sous le règne même de Charles VII. Ceux qui ont étudié avec attention les détails de nos monuments reconnoissent le style particulier au règne de ce prince à je ne sais quel caractère de dessin qui se fait sentir sur-tout dans la figure maigre et élancée des fleurs-de-lis. Plusieurs colonnes placées en retraite ont pour ornements de leurs chapiteaux de larges feuilles lobées qui paroissent appartenir à une grande plante aquatique, et dont les côtes taillées avec une admirable finesse viennent s'arrêter à l'astragale. Une palmette supporte le larmier et le filet délié qui terminent ces gracieux ornements; mais nulle part le fini du travail et la richesse de la composition ne brillent avec plus d'éclat que dans le couronnement du portail. D'abord c'est un large listel qui renferme une guirlande de feuilles d'eau entremêlées de petites tulipes, ou plutôt de bouquets de nymphœa, car le sculpteur a dû assortir le choix de ses modèles aux plantes accoutumées de la péninsule. Un tore qui l'environne est lié d'une longue chaîne de perles. Ensuite viennent de nombreuses moulures, et puis une moulure plus ample qui court par brisures nombreuses, encadrant une fleur-de-lys dans chacun de ses angles intérieurs, et formant autour d'elles l'ajustement le plus pittoresque et le plus parfait.

La salle des Gardes est horizontale au portail. Sa nudité, son obscurité, son ténébreux silence, les souvenirs qu'elle rappelle, celui d'un bivouac de paladins dont les coursiers ont henni, dont les armures ont retenti sous ces voûtes, ces impressions si imposantes, si solennelles, changent d'objet à l'aspect du cloître, ou, si l'on veut, de cette cour mystérieusement triste, qui fut un cloître autrefois. Alors de vastes arcades soutenues par de forts piliers s'étendoient sur les quatre côtés égaux de la place. De larges voûtes défendoient de l'intempérie des saisons les vieilles fresques dont ses angles étoient ornés, et qui représentoient le débarquement des *Énervés*, l'heureuse fin des quatre cents confesseurs que l'ange de la mort avoit choisis, l'impiété noblement rachetée de Guillaume de la longue épée, et les dévastations des Danois. A peine retrouve-t-on quelque reste de ces tableaux dans les angles ruineux des clôtures qui tombent. Encore n'y sont-ils protégés que par la difficulté d'y parvenir à travers les parties qui sont déjà tombées. L'intérieur du cloître étoit rempli de fleurs dont la culture fut long-temps la seule distraction des cénobites de Jumièges. De toutes leurs plantations, il ne reste qu'un if extrêmement ancien qui occupe le milieu de la grande cour. Quand nous arrivâmes à Jumièges, il étoit tout couvert de petites baies d'un rouge éclatant qui paroissoient suspendues à ses rameaux lugubres comme une parure étrangère. La chouette, assurée que les oiseaux de la contrée s'y rendroient dès le matin, descendit sur le cloître un moment après que nous en fûmes sortis, et nous l'entendîmes jusqu'au jour.

La première église à laquelle on parvienne de cet endroit, est la plus ancienne selon la tradition. Elle étoit élevée déja sous l'invocation de saint Pierre quand les solitaires commencèrent à étendre leurs constructions. Elle est cependant d'un style d'architecture postérieur à celui de la plupart des bâtiments voisins, probablement parceque son antiquité en rendit la restauration nécessaire dans les temps gothiques de l'architecture, et que l'artiste, inspiré par les idées romantiques de cette époque, dédaigna d'assortir son plan à celui de ses prédécesseurs. La petite église, à la gauche de celle-ci, est également une reconstruction, une ruine élevée sur des ruines. De grandes parties des entablements et des voûtes, que le temps et les révolutions ont déjà mis à découvert, laissent distinguer de larges couches d'ossements extraits des cimetières des moines pour suppléer à la pierre qui manque dans ces marais. Souvent on les voit blanchir à l'angle émoussé d'une ogive qui s'écroule, et l'ame est frappée de terreur à l'aspect de ces grandes masses de pierre qui se désunissent comme au jour de la résurrection, pour rendre à la nature les débris humains qu'elles ont si long-temps renfermés, et qui découvrent à l'œil étonné du vautour un ossuaire suspendu dans les nuages. La mort est par-tout où s'imprime le pied, par-tout où s'attachent les yeux. Quelle époque dans l'histoire du globe que celle où sur un sol factice, composé des restes d'une végétation qui a changé de forme, les monuments des arts eux-mêmes ne s'élèvent plus qu'aux dépens des tombeaux!

La grande église enfin, à laquelle on arrive de ce côté à travers des démolitions récentes qui couvrent d'anciennes démolitions, est la partie la plus majestueuse de l'édifice. Ses murailles et ses colonnes sont debout, mais elles ne portent plus de voûtes. Des deux côtés du porche s'élèvent encore deux tours divisées chacune en trois étages : celui qui forme leur base, quadrilatère; le second de la même figure dans de moindres dimensions; le troisième hexagone dans la tour du nord, circulaire et encaissé d'énormes contreforts dans celle du midi. Toutes deux se terminent par de longs clochers qui recélent d'innombrables légions d'oiseaux de proie. La destruction a ménagé jusqu'ici ces monuments, parcequ'ils servent comme d'un fanal diurne aux navires qui remontent la Seine, et cette considération a protégé jusqu'aux ailes du bâtiment qui menacent de tout entraîner dans leur chute quand on osera les ébranler. Ainsi ces vieilles tours, qui révéloient de loin des idées solennelles et religieuses au voyageur, et du haut desquelles descendoit sur la presqu'île le signal de la prière, n'ont pas tout-à-fait oublié, même aujourd'hui, leur première destination. Pendant des siècles, elles ont indiqué aux fidèles la voie de la pénitence et du salut. Pendant des siècles, elles conserveront, comme un emblème de leur ancien usage, le privilège d'indiquer leur route aux navigateurs. Ainsi toute détruite qu'est l'abbaye de JUMIÈGES, l'existence du peu qui en reste sera encore un bienfait pour l'humanité, et il en est de même de cette foule de monuments d'où l'impiété a entrepris de chasser Dieu. Elle a eu beau faire dans son délire, elle a renversé inutilement les monastères et les églises, parcequ'il n'étoit pas en son pouvoir d'effacer leurs ruines, ces ruines vivantes qui serviront de témoins au christianisme, quand toutes les vaines théories du siècle seront passées. Le marinier de ces parages sait bien que la main des hommes trouble en vain la poussière des tombeaux, et qu'elle ne peut rien sur le repos des martyrs. Quand la rivière déjà large et houleuse à cette hauteur est repoussée par des marées violentes, élevée par les grandes eaux et tourmentée par les orages, il se recommande avec confiance aux saints de JUMIÈGES, protecteurs familiers et accoutumés de son bateau, et il rêve sans inquiétude le plaisir du retour.

Quoique la construction de cette grande église soit postérieure à la fondation des églises adjacentes, elle est évidemment la plus ancienne de fait. Elle a vu leurs murailles tomber et se relever autour d'elle, et, seule, elle n'a rien perdu du caractère des siècles reculés dont elle est l'ouvrage. Seule, elle a conservé ces grandes formes de l'architecture lombarde dont le style colossal ajoute ici je ne sais quoi de plus imposant et de plus majestueux encore à l'imposante majesté de l'ensemble. Ses immenses colonnes sont séparées par de larges archivoltes, et celles-ci surmontées d'énormes consoles d'où s'élevoient les arceaux qui portoient la voûte. Le travail de ces consoles semble appartenir à une époque déjà indiquée où les images rejetées de l'intérieur des églises par une secte célèbre, se réfugièrent dans les ornements de l'architecture. Des têtes gigantesques de bœuf, de lion, d'oiseau, le buste admirable d'un ange adorateur qui s'élance des murailles dans l'attitude de la prière, rappellent les attributs des évangélistes. Les iconoclastes de la révolution, aussi barbares que les autres, ont épargné ces vestiges, parcequ'ils ont méconnu à leur tour le secret ingénieux du sculpteur, ignorance favorable qui nous a laissé jouir de quelques chefs-d'œuvre, et qui a du moins cet avantage sur l'esprit méthodique de destruction auquel les monuments de la vieille France ont long-temps paru abandonnés.

Il seroit difficile de donner une idée des émotions qui s'éveillent à l'entrée de la grande nef, soit qu'on y arrive par le porche qui est placé à l'Occident, et duquel on devoit voir à l'heure du premier sacrifice, les rayons du soleil levant se répandre à travers les vitraux du chœur, et descendre lentement sur l'autel; soit qu'on s'y introduise par les démolitions des anciennes églises du côté de l'Orient. C'est ainsi que nous l'aperçûmes pour la première fois. Le soleil se couchoit entre les deux tours, et ses rayons affoiblis sur les parvis extérieurs glissoient plus pâles encore sous le vestibule, et venoient mourir tout-à-fait sur l'herbe courte et pauvre qui a remplacé les dalles antiques. Tout se taisoit, excepté la fresaie qui souffloit dans le creux des murailles, et dont le râle monotone inquiétoit quelques oiseaux fugitifs qu'on voyoit s'égarer dans le ciel, se chercher, se poursuivre et se perdre. Les consoles si grandes de dimension et de caractère qui surmontent les archivoltes, commençoient à s'effacer dans l'obscurité, et ne montroient plus sur la vague étendue des ombres que des ombres saillantes et bizarres. Quelques heures plus tard, tout ce tableau avoit changé de face. Il étoit minuit. Nous revenions par l'entrée occidentale. La grande nef étoit entièrement obscure, mais la lune frappoit d'une lumière très vive, et d'autant plus prononcée qu'elle étoit circonscrite entre les grandes masses de l'édifice, les pierres blanches des ruines extérieures. Aucun obstacle n'interceptoit sa clarté immobile qui donnoit à ce lieu l'aspect d'un lac argenté. Seulement, plus

JUMIÈGES.

près de la nef, un pan de muraille isolé, exactement interposé entre la lune et la place que nous occupions, se détachoit à grands traits du fond lumineux du ciel, comme le croquis d'un artiste hardi. Le hasard qui a tracé le profil de cette ruine auroit frappé l'esprit le moins susceptible de céder à ce genre d'impressions. On eût dit un cénobite au capuchon baissé, à la tunique flottante, méditant comme nous sur ces débris. L'astre qui venoit de s'abaisser et de disparoître derrière sa tête, et dont les rayons jaillissoient encore à l'entour, sembloit la cerner d'une auréole. Cette forme capricieuse ne doit plus exister au moment où j'écris. Un orage, un coup de vent, l'ébranlement de la charrette du manœuvre qui vient de loin recueillir parmi les décombres les pierres tumulaires des rois et des confesseurs pour les convertir en auges et en meules dans la maison du riche, la chute du ciment attaqué par le bec de l'épervier qui se fait un nid, ont suffi pour la détruire. Nous-mêmes, en arrivant à la grande arche du chœur, à ce portique du sanctuaire dont tous les points d'appui sont tombés, nous redoutâmes un moment que le retentissement de nos pas ne détachât un seul grain de sable qui entraîneroit tout. Il y a quelque chose d'effrayant dans la solitude de cette archivolte démesurée qui s'élance si haut vers le ciel sur une base si étroite, et qui se soutient comme par miracle au milieu de tant de monuments abattus. De grandes tours dont elle étoit flanquée ont déja ressenti plus ou moins l'action inévitable du temps. Il en est une qui a perdu toute la partie extérieure de sa muraille circulaire, et où l'œil reconnoît encore la disposition des anciens degrés à l'empreinte spirale de l'hélice qui la parcouroit jusqu'à son sommet. C'est dans cet endroit, derrière la branche septentrionale de la croix latine, qu'étoit placé le tombeau d'Agnès Sorel, ou, s'il faut s'en rapporter à une tradition mieux fondée en apparence, un petit monument qui renfermoit son cœur. Le cœur d'Agnès Sorel devoit être à JUMIÈGES. Quand des furieux, voués comme les vampires à la violation des sépultures, soulevèrent la pierre qui reposoit sur celle-ci dans l'espérance d'y trouver quelque trésor caché avec la DAME DE BEAUTÉ, on dit qu'ils n'y découvrirent qu'un peu de cendre que le vent dispersa autour d'eux. Cette cendre étoit le cœur d'Agnès, ce cœur qu'avoit animé tant d'amour, et un amour si noble que la France ne lui fut peut-être pas moins redevable de son salut qu'à l'intrépidité de Jeanne d'Arc. Un homme instruit et sensible eut le bonheur de dérober cette tombe à la scie et au marteau. Le cénotaphe d'une amante de roi dont les nobles conseils contribuèrent à nous délivrer du joug des Anglois, est devenu l'ornement d'un jardin. Puissent le dérober à de nouveaux barbares la simplicité de sa matière et l'obscurité de son asile! Au-dessus de son ancien emplacement est percée une étroite et haute croisée en ogive à travers laquelle les rayons du soleil couchant venoient éclairer l'épitaphe naïve et charmante du vieux poëte:

Hic jacet in tumba mitis simplexque columba[1].

Ils n'éclairent aujourd'hui qu'une place vide, ou tout au plus quelques déblais, fâcheux au regard et à la pensée, qui disparoissent de jour en jour. La croisée seule subsiste, et de sa base à la pointe de l'ogive s'élance un lierre qui l'embrasse avec tant d'élégance que la peinture auroit craint de l'ajuster ainsi, de peur de tomber dans la manière. Jamais une décoration plus gracieuse ne s'assortit mieux à l'impression des localités. En voyant sa tige si délicate et si riche à la fois se lier à tous les angles de la chapelle du Nord, on rentre en possession de tous les souvenirs du monument qui n'y est plus; on retrouve dans cet emblème, et la fidélité que le temps affermit, et l'amour qui s'accroît par le malheur, et ce je ne sais quoi de frêle et de tendre qui survit cependant à tous les ouvrages des hommes. C'est avec l'if aux baies d'un rouge écarlate qui occupe le milieu du cloître le végétal le plus remarquable de l'enceinte. Toutefois, une cépée d'ormes a poussé au-dessus des murailles de l'église Saint-Pierre, et prête à ces

(1)   Ici repose dans la tombe
        Une douce et simple colombe.

Agnès Sorel mourut le 9ᵉ jour de l'an 1449. Son nom est écrit Surelle dans l'épitaphe françoise où elle est qualifiée Dame de Beaulté, Roqueferrière, Issoudun et Vernon-sur-Seine.

tombeaux aériens que nous y avons remarqués la protection d'un ombrage inattendu. Quelques uns des surbaissements de l'aile du Nord de la grande église se sont couverts des rameaux d'un saule très délié dont le vent a porté les semences à cette hauteur. Cet arbrisseau des rivages ne paroît pas trop déplacé parmi les tours de l'abbaye, si chères aux navigateurs. On croiroit que le ciel, propice à leurs entreprises, a jeté des roseaux jusque sur les corniches antiques, pour multiplier autour d'eux l'agréable pensée des bords de la patrie nouvellement retrouvée. Une de ces harmonies singulières que l'art envieroit au hasard, si le hasard étoit quelque chose, et qui se manifestent jusque dans la physionomie des plantes sous les murailles féodales des vieux châteaux de Normandie, semble avoir aussi présidé au choix de la végétation toute spontanée des anciennes abbayes. Ainsi dans les fossés d'une forteresse voisine nous avons recueilli en abondance l'*orchis militaris* avec ses feuilles en fer de lance et ses fleurs casquées. JUMIÈGES n'est riche que des fleurs de la solitude. Entre les pierres qui se détachent, on distingue çà et là des touffes de pariétaires, des orpins aux feuilles épaisses et coniques, de longues scolopendres qui serpentent parmi les mousses, une petite arabette dont les tiges grêles surmontées de corolles d'un violet pâle se groupent de préférence sur les arrêtes exposées au Levant, et de nombreux bouquets de ce vélar à fleurs jaunes et odorantes que les gens du pays appellent *ravenelle* ou *giroflée*.

L'extérieur des murailles de la grande église du côté du Nord est remarquable par la noblesse et par la simplicité. Il ne présente que des parties lisses, interrompues seulement par une ligne gracieuse d'ornements mauresques qui s'ajustent avec le couronnement de l'édifice, et quelques niches élégantes qui surmontent de loin en loin les contreforts de la *Cella*. Ce point de vue, pris d'un petit verger qui a dû être un cimetière, est enrichi à la gauche de l'observateur par l'ogive de la chapelle de la Vierge, et par le lierre d'Agnès Sorel.

Plus loin, au-delà du vaste espace du chœur, chargé aujourd'hui de démolitions confuses où se traînent d'espace en espace quelques ronces poudreuses, cette ligne de ruines se termine à la tour de Saint-Pierre dont l'aspect menaçant présage une chute prochaine, et à laquelle les oiseaux de proie, qu'éclaire une prévoyance infaillible, ont déja cessé de confier leurs aires.

En arrivant de Rouen par la Seine, vous avez vu à votre droite un petit bois qui auroit été chez les anciens l'objet d'une consécration particulière, car il ne réveille que des idées solennelles et poétiques. Aujourd'hui même, votre guide ne le traverse point sans vous entretenir d'une tradition remarquable qui est malheureusement devenue presque incroyable dans nos mœurs. C'est là qu'étoit déposé le tronc de l'aumône, un trésor ouvert pour le pauvre sur le chemin du voyageur, et ce vieux souvenir se lie à une vieille étymologie qui est sublime comme lui. Il a été des jours de pauvreté noble et de modeste charité où le *tronc* inviolable d'un arbre mourant de caducité fut le seul intermédiaire dont la bienfaisance osât se servir pour secourir le malheur. Emblème touchant de décadence et de misère, l'arbre qui ne pouvoit plus prêter son ombrage à l'infortune, et qui ne lui promettoit plus de fruits, renfermoit quelquefois le bienfait inattendu qui alloit charmer tous les soucis d'une famille. Dans certaines provinces de France, les pères ont laissé à leurs enfants une aimable réminiscence de cette idée antique, en cachant de petits présents dans la *souche de Noël*.

Non loin de ce bois s'élève encore le MANOIR d'Agnès; et qu'auroit-on fait de ses ruines? Entre l'est et le midi de l'abbaye, tout près des bords de la rivière, on aperçoit la jolie maison du *Mesnil*. Son aspect mystérieux et doux charme déja l'attention du passant, avant qu'il se soit informé des premiers maîtres de cette demeure. Dans la cour qui le précède est un vieux châtaignier, contemporain des anciennes constructions, confident peut-être des anciens secrets du MANOIR! L'intérieur des bâtiments n'est remarquable que par une longue galerie où l'on a coupé plusieurs appartements, et dont les poutres conservent de distance en distance les traces du chiffre d'Agnès. L'extrémité de ce passage aboutit à une chapelle au-dessus de laquelle se trouvoit, selon toute apparence, une tribune pour la châtelaine. Les croisées gothiques subsistent encore avec les bancs de pierre de leurs larges embrasures, les bancs où s'asseyoient sur des carreaux de pourpre enrichis d'or et de broderie les dames et les chevaliers, et sur lesquels Agnès elle-même s'est sans doute reposée souvent.

Et l'on voit au-dehors les vestiges d'un sentier mystérieux qui conduisoit, par de longs détours, de la retraite de Charles VII au Manoir, et qui n'a pas été pratiqué depuis.

Ruines de l'Abbaye de Jumièges, côté de l'Occident.

Église de l'abbaye de Jumiéges vers de l'occident

Entrée de la salle des gardes de Charles VII.
Abbaye de Jumièges.

Grande Église de l'Abbaye de Jumièges.

Ruines du Cloitre de l'Abbaye de Jumieges

Eglise de St Pxelle.

abbaye de Landevent.

Ruines de l'Église de St Philippe.

Ruines de l'Abbaye de Jumièges Côtes du Nord

Ruines de l'Abbaye de Jumiéges. Coté du Nord.

Pl. 13 bis.

Abbaye de Jumieges.

Fragment d'ogives du Tombeau des Anglais.
Abbaye de Jumièges.

Fragments. Abbaye de Jumièges.

Ruines du coeur et de l'Abside de la grande Église de l'Abbaye de Jumièges.

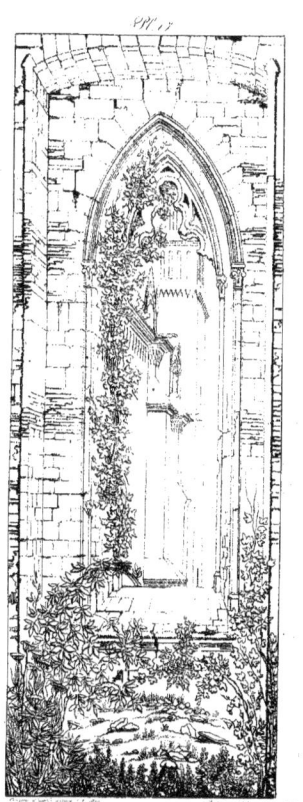

Chapelle de la Vierge
Abbaye de Jumièges

Tombeau d'Agnès Sorel.
Abbaye de Jumièges.

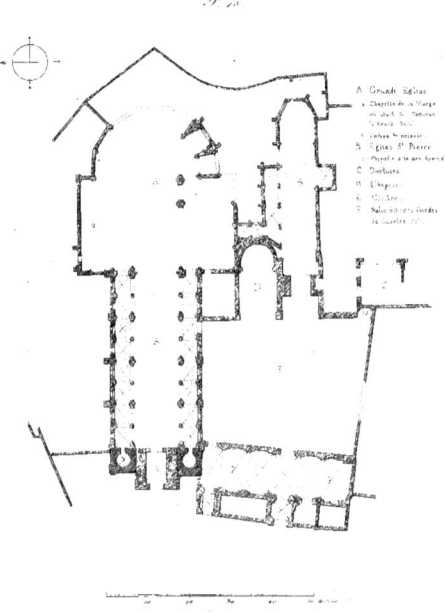

Plan des Ruines de l'Abbaye de Jumièges.

Caudebec.

Quand on suit les bords de la Seine depuis Jumiéges, on voit le fleuve s'élargir de plus en plus et former à tous les angles de son cours de vastes anses qui s'étendent comme des golfes et remplissent tout l'horizon. Peu-à-peu l'action des fortes marées devient plus sensible; elles mugissent déja, et se brisent en barres d'écume contre le pied des coteaux qui embrassent le lit de la Seine. Sur les collines de la rive gauche s'élévent successivement l'élégant château du *Landin*, le beau château de *la Meilleraie*, célèbre par la magnificence de ses parcs et la variété de ses fabriques. On descend la pente de la colline opposée à travers les maisons des mariniers, et quelques fermes éparses entourées de jolis massifs d'arbres, ornement accoutumé des délicieuses habitations du pays de Caux. Au-dessous de cette colline de la rive droite, du côté de l'orient, se déploient, le long des eaux, les constructions pittoresques d'une ville charmante, qui tire son origine d'une bourgade de pêcheurs, et qui, naguère encore, s'enorgueillissoit de porter dans ses armoiries trois éperlans d'argent sur un fond d'azur. Les premières maisons de

CAUDEBEC, celles dont se composent les rues qui aboutissent au port, sont remarquables par leurs terrasses couvertes d'arbustes et de fleurs, et rappellent l'aspect des villes les plus agréables de l'Italie. Les habitants des péninsules ou des rives pressées par les eaux confluentes, aiment à grouper ainsi, dans l'espace étroit que la nature leur permet de décorer, les riches ornements des campagnes. Le vieux marin, qui a choisi sa demeure sur le bord d'un fleuve non loin de son embouchure, pour voir passer les pavillons qu'il rencontra souvent sur les mers, et pour les nommer à ses enfants, se plaît cependant à s'assurer tous les matins quand les premiers rayons du jour traversent sa croisée et se brisent à travers le feuillage de ses rosiers et les touffes de ses œillets, qu'il n'a plus quitté sa terre natale, et que son dernier port est à l'abri des tempêtes.

L'église paroissiale de CAUDEBEC est célèbre par un de ces mots de Henri IV, qui sont devenus populaires dans le pays où il les a prononcés, et qu'une tradition, qui a pris le caractère d'un culte, a transporté jusque dans l'histoire: *C'est ici*, dit-il, *la plus belle chapelle que j'aie encore veue*.

Cette église est, en effet, une des plus remarquables de France. La masse de l'édifice est d'un style riche et élégant; et, comme il n'y a rien de plus varié que la richesse et l'élégance dans cette architecture gothique, où le génie de l'artiste, maître de l'invention des sujets, de leur arrangement et de leur exécution, sembloit disposer librement de toute la nature, on peut croire qu'aucune des *chapelles* que Henri IV avoit visitées jusqu'alors ne devoit l'emporter sur celle-ci. C'est, d'ailleurs, un privilége de l'architecture de ces âges ingénieux que nous appelons barbares, d'être admirable par-tout et de n'être la même nulle part.

Cependant l'architecte n'a étalé, dans aucune des parties de son ouvrage, avec plus de profusion, les trésors de l'imagination et du goût, que dans les ornements du grand portique. Il n'y a pas un des plus foibles détails de la sculpture qui l'enrichit, qui ne défie en exquise délicatesse le chef-d'œuvre d'un ciseleur habile, et dont le fini incomparable ne puisse supporter l'examen minutieux d'un œil exercé. Ce sont les richesses du travail le plus recherché prodiguées sur un colosse.

CAUDEBEC.

La tour, ou le clocher, a la forme singulière d'une pyramide entourée de couronnes successives, ou, pour s'exprimer plus exactement, celle d'une tiare, figure mystérieuse qui lui donne au premier abord l'aspect de certains minarets de l'Orient, et qui dut se présenter quelquefois à la pensée de l'artiste dans ces temps si rapprochés des croisades et si pleins des souvenirs du Levant. La nef fut commencée en 1416, et le temple achevé, à ce que l'on croit, en 1484. Dans la balustrade d'une galerie extérieure qui règne autour de l'église sur l'entablement, on a taillé une partie du *Salve Regina* en caractères de trois pieds de haut qui étoient anciennement dorés, et qui enveloppoient ce monument d'une ceinture resplendissante. Les saillies anguleuses et bizarres des lettres gothiques rappellent aussi quelque chose des hiéroglyphes de l'Égypte et complètent l'harmonie de cette architecture étrangère. Un voyageur des bords du Nil, jeté sur ces parages, entre ce fleuve et cette pyramide, pourroit croire un moment que les hasards de la navigation l'ont ramené dans sa patrie.

Au-delà du port et au bas des rochers qui bordent la Seine, l'œil s'arrête sur un petit bâtiment, trop simple pour distraire les loisirs des artistes, et sur-tout trop obscur pour occuper les veilles savantes des historiens. C'est l'ermitage de Notre-Dame de Barre-y-va, peu connu des voyageurs de la côte, peu fréquenté par les riches habitants des villes, mais cher au peuple errant des matelots, qui lui consacre de loin ses prières, qui lui rapporte de loin ses offrandes. C'est là qu'ils viennent invoquer Dieu au départ, qu'ils viennent le remercier au retour, et que, fidèles à la promesse qu'ils ont faite dans le danger, ils suspendent le tableau du vœu, esquisse grossière, mais naïve, du péril dont la Providence les a sauvés. Ces peintures représentent le plus souvent les horreurs d'un naufrage; un frêle esquif, sans voile et sans mât, jeté au-dessus des vagues, et quelques hommes qui élèvent leurs bras vers le ciel; ou bien un monstre de l'Océan qui bat de sa queue démesurée et de ses fanons énormes une chaloupe aventurée au milieu des eaux. Souvent un marin prisonnier emploie les loisirs industrieux de sa captivité à figurer, avec des morceaux de bois ou d'écorce, et des fils extraits d'un vieux câble, le navire malheureux qui est devenu la conquête de l'ennemi. Plus habile (et plus favorisé par ses gardiens), il exécute quelquefois cette merveille en verre filé, mais il ne la cède à aucun prix quand elle est son premier ouvrage, car il l'a dédiée dans son cœur à Notre-Dame de Barre-y-va, et si jamais il revoit ses rivages, il l'attachera triomphant aux voûtes de la chapelle.

Nous entrâmes à l'ermitage de Notre-Dame de Barre-y-va dans la soirée d'un beau dimanche. Son aspect si religieux et si doux nous rappeloit alors cette autre *chapelle du rivage*, qu'un jeune poëte de nos contemporains, qui est destiné à devenir classique dans l'élégie et dans la romance[1], dépeint avec les mêmes circonstances, à la même heure, au même instant, et comme s'il avoit deviné jusqu'aux détails du site et aux accidents de la lumière.

> Quand au déclin du jour se présente à la vue
> Un large promontoire à la cime touffue,
> Dont les flots agités venoient battre les flancs.....
> Du milieu des forêts qui dominoient la plage
> Une croix montoit vers les cieux,
> Et d'une humble chapelle élevée en ces lieux
> Les rayons du soleil embrasoient le vitrage.

Sur les degrés de l'autel se pressoient une dizaine de matelots, divers de pays et d'habillements; les uns vêtus du costume chevaleresque de ces mariniers dieppois qui se souviennent encore d'avoir été les auxiliaires de Henri IV; les autres, du frac léger des Basques ou du sayon sévère des Bretons. Ils prioient tous, et l'austérité de leurs figures graves et rembrunies ajoutoit à la grace d'un groupe de jeunes filles qui se glissoient derrière eux, en jetant au loin des fleurs jusqu'au pied de la sainte image, car elles attendoient le retour d'un frère, d'un père ou

---

[1] M. Edmond Géraud.

CAUDEBEC.

d'un amant. Notre bonheur voulut que nous pussions observer dans cette scène touchante un épisode que les peintres et les poëtes nous auroient envié peut-être. Une des filles s'étoit élancée jusqu'à l'autel, et y avoit déposé son bouquet et sa couronne. Je demandai pourquoi cette couronne et ces fleurs. Une femme très âgée me répondit d'un air étonné, parcequ'elle ne comprenoit pas mon étonnement : *C'est pour remercier* Notre-Dame de Recouvrance *du retour de son futur qui revient des grandes mers.*

Chapelle du St Sepulcre.
Église de Landrecte.

Fragmens Eglise de Caudebec. 14.e siècle.

Porte de l'escalier de l'orgue.
Église de Caudebec.

Saint Wandrille.

LES deux rives de la Seine, depuis Duclair jusqu'à Caudebec, sont riches de tous les souvenirs des rois Mérovingiens. Au Midi se développe la forêt de Brotone[1], qui voila souvent de ses majestueux ombrages la tente des successeurs de Clovis et le secret de leurs conseils. Au Nord, la forêt correspondante renfermoit dans cette presqu'île qui n'offre aujourd'hui qu'une plaine presque rase à demi convertie en tourbière, la magnifique abbaye de Jumiéges, monument trop périssable de la grandeur et de la piété des Francs. Elle ne sera bientôt reconnoissable aux curieux qu'à l'emplacement de ses ruines, où tant de débris accumulés résisteront long-temps à la dent de la houe et au tranchant du soc. Plus loin s'élevoit un monastère non moins célèbre, au fond de l'étroite vallée que baigne le ruisseau de Fontenelle. C'est l'abbaye de SAINT-WANDRILLE, fondée par un cénobite de ce nom[2], qui étoit né dans le territoire de Verdun, et allié à l'illustre famille de Pepin. On y

---

(1) *Arelanum.*   (2) *Wandregesilus.*

arrive maintenant par un chemin profondément encaissé entre d'agréables talus couronnés d'arbres et d'arbustes qui croisent leurs rameaux en voûte fraîche et mobile sur la tête du voyageur. Après de longs détours parmi des fabriques de peu d'intérêt, on s'arrête de surprise et d'admiration à la vue des restes de l'église gothique qui semblent fermer le paysage. Tel est du moins le prestige que produit l'horizon oriental, aux premières heures de la journée, quand il repousse devant lui toutes ces murailles comme une masse d'ombres gigantesques.

On se rappelle que nous n'avons remarqué à Jumiéges qu'une partie du chœur qui fût restée debout, l'immense archivolte derrière laquelle il étoit placé. A Saint-Wandrille, au contraire, tout ce qui a été épargné par le temps faisoit partie de cette vieille église, très moderne toutefois relativement à l'époque de la fondation. Ce sont les quatre colonnes ou plutôt les quatre faisceaux de colonnes qui portoient le dôme ou la tour du clocher au milieu de la croix latine. C'est la base de cet autre édifice qui se perdoit dans la nue, et qui a péri le premier, quoique sa construction, soumise à cette fatalité que nous voyons poursuivre partout les ouvrages des générations nouvelles, fût bien plus voisine de notre âge, et postérieure d'un siécle et demi à la renaissance des arts; ceintre menaçant de pierres ruineuses qui échappent les unes aux autres, et qui paroissent ne subsister dans cet état que par miracle. L'hirondelle qui les effleure de l'aile en détache à tout moment quelque partie dont la chute vient troubler le silence universel, et le jour n'est pas loin sans doute où le phénomène effrayant de ces débris suspendus dans les airs, et abandonnés à tous les orages, cessera d'alarmer l'observateur et le passant. Quand nous les avons quittés, on auroit dit qu'ils s'écrouloient, et nous écoutâmes long-temps derrière nous avec inquiétude, de peur d'entendre retentir la terre sous le poids des colonnes et des voûtes. En s'enfonçant plus avant à travers les hautes arches du sanctuaire, on distingue l'emplacement des anciennes chapelles, où la fraîcheur de l'atmosphère, chargée des vapeurs de la Seine, a favorisé le développement d'une abondante végétation. Il n'y a pas une pierre détachée des vieux bâtiments qui ne soulève son front sourcilleux entre des touffes de verdure, comme le chapiteau corinthien. Les plus communes de ces plantes sont l'ortie et l'éclaire.

L'imagination embrasse à l'aspect des ruines de Saint-Wandrille une foule de rapprochements. L'élancement de ses colonnes isolées rappelle quelque chose des monuments solitaires de l'Égypte; ses ceintres vides, à travers lesquels on voit disparoître et briller tour-à-tour les fonds lumineux du ciel, réveillent le souvenir de l'architecture grecque; les Maures ont imprimé le sceau de leur génie pittoresque à la projection de ces ogives hardies, long-temps surmontées par des dômes ou des pyramides. Le site ajoute un prestige si extraordinaire à leur effet que l'habitant même des villages voisins, froid spectateur des beautés accoutumées, quand elles sont éclairées par la lumière du soleil qui lui est si familière, évite avec soin pendant la nuit les ruines de Saint-Wandrille, même lorsque tout l'espace qui les entoure est inondé par la lune d'une clarté immense. Il s'en détourne sur-tout pendant l'orage, parceque l'éclair qui étincelle entre les masses désunies de la coupole, et qui de là va blanchir une tombe, s'est souvent éteint en descendant sur la robe de quelque fantôme. Nos torches dont la flamme errant au gré du vent promenoit dans les recoins des chapelles les ombres de sa fumée, semblables à des spectres, leur inspiroient un singulier effroi, tant l'esprit de l'homme est porté dans tous les états de la vie aux idées extraordinaires et merveilleuses, indice certain d'un besoin que Dieu n'a jamais séparé d'une faculté; d'une espérance qui révèle toujours une destination. Les jeunes filles de Caudebec et de ses environs ont placé dans les ruines de Saint-Wandrille le séjour mystérieux des fées dont l'histoire occupe leurs veillées. J'ai cédé quelquefois à la même illusion quand, appuyé à l'extrémité du chœur sur les pierres de l'ancienne abscide, peu de minutes après le lever du soleil, je reposois mes yeux avec tant de charme sur cette longue aire de verdure qu'embrassent les contours presque réguliers des bois. Alors flotte sur le vallon une vapeur fraîche, argentée, transparente, qui étincelle d'atômes éblouissants, monte, se berce un moment et se dissout dans les rayons du matin, pendant que des ombres plus obscures se pressent sur les points les moins éclairés du paysage, et aspirent à la terre comme pour y reprendre possession de la nuit et des tombeaux. Tout change au même instant. Ce sont des essaims de petits insectes aux ailes d'or qui se précipitent au milieu de la lumière; ce sont de jolies fleurs tout humides de rosée qui se relèvent comme par un ressort pour réfléchir le soleil. La nature entière s'anime d'un murmure de vie et de bonheur qui rassure l'ame encore troublée des terreurs de la nuit, et ces ruines, palais magique des esprits, rendez-vous funèbre des revenants, ne sont plus que des ruines.

Dans une des branches de la croix latine, un revêtement grossier de plâtre qui a excité la curiosité d'un voyageur, ou la cupidité moins heureuse d'un *chercheur de trésors*, a mis à découvert, en tombant sous le marteau, une des peintures les plus barbares des siècles les plus étrangers aux arts du dessin. C'est une *lapidation de saint Étienne* qui fit peut-être un jour l'ornement d'un autel, et l'objet de l'admiration d'un peuple auquel les miracles du pinceau étoient tout-à-fait inconnus. N'est-il pas remarquable que l'architecture ait produit des ouvrages si magnifiques, qu'elle ait porté à un degré surprenant de perfection des monuments immenses et sublimes, quand le ciseau du statuaire tailloit à peine des figures incorrectes et bizarres, quand la palette chargée de grossières couleurs ne produisoit que des compositions qui trahissent également le défaut du *métier* et l'absence du génie! C'est que l'homme est appelé avant tout à élever des temples, et que c'étoit là le premier, le seul peut-être de ses ouvrages où il lui fût permis de lutter quelquefois de grandeur et de beauté avec la nature.

Saint Wandrille étoit appelé par sa naissance, comme nous l'avons déja vu, à tous les genres de fortune et de gloire; mais son cœur, étranger à toute ambition terrestre, ne soupiroit que pour la gloire assurée des saints. Après avoir reçu les ordres des mains de saint Ouen, qui occupoit alors le siége archiépiscopal de Rouen, il n'eut plus d'autre desir que de fonder un monastère dans la solitude, et ce vœu fut exaucé par le don que lui fit le maire du palais, du terrain situé sur les bords écartés du joli ruisseau de Fontenelle. Ce lieu, naguère habité par Rothmar qui l'avoit obtenu de la munificence de Dagobert, étoit redevenu en peu d'années entièrement sauvage. La vieille chronique peint en quelques traits l'austérité de ce désert où l'œil étoit effrayé de toutes parts de la profonde épaisseur des ombrages humides, de la multitude immense des herbes et des buissons épineux, et de l'étendue presque sans bornes des marais inaccessibles. C'est dans ce lieu voisin de la voie romaine qui conduisoit de Rouen à *Juliobona*[1], et du Lotum de l'itinéraire d'Antonin, que le saint vint jeter en 648 les bases d'une religieuse cité, qu'on peut appeler de ce nom sans exagération, puisque saint Wandrille lui-même eut le bonheur de voir ce peuple de serviteurs de Dieu qu'il avoit convoqués à la retraite et à la pénitence, parvenu à plus de trois cents ames, et un grand nombre d'églises, monument des largesses royales et de la ferveur des fidéles, attester en peu d'années que le ciel étoit propice à ses entreprises. Les documents que nous suivons font mention en effet de plusieurs basiliques sous l'invocation de saint Pierre, de saint Paul, de saint Pancrace, de saint Laurent. Alors, plein de jours et de bonnes œuvres, le patriarche de la forêt connut que sa tâche étoit près d'être accomplie dans le siècle, et on l'entendit souvent s'écrier avec le psalmiste : *Heu mihi, quia incolatus meus prolongatus est! habitavi jam diù cum habitantibus terræ! multùm incola est anima mea.* (Ps. CXIX, 5.) Ce ne fut que dans sa 96ᵉ année qu'il s'endormit du sommeil des justes, sans éprouver une souffrance, ni exprimer un regret.

Mais dans ces temps si remarquables par la force et la constance de la pensée, où les générations nouvelles acceptoient comme un héritage les conceptions et les entreprises des générations antérieures, et se faisoient un pieux devoir de les conduire à leur fin, la grande institution que saint Wandrille venoit d'établir sous les auspices et à la gloire de la religion ne pouvoit rester imparfaite. Elle s'affermit d'âge en âge sous

---

(1) Lillebonne.

chacun de ses successeurs, favorisée de plus en plus de la protection des rois, et enrichie tous les jours de quelque nouveau tribut de la charité. Elle prospéra particulièrement sous saint Lambert, second abbé, et s'agrandit sous saint Condé de tout le territoire d'un monastère voisin qui florissoit alors dans une île qui n'existe plus, car la piété a quelquefois imprimé à ses ouvrages un sceau plus durable que la nature. Elle compta au nombre de ses bienfaiteurs sainte Bathilde, mère de Clotaire III, qui à son tour confirma la donation du terrain où l'abbaye est située, et qui en étendit beaucoup les limites. La vie de saint Ausbert rapporte que le prince Thierry, depuis roi, visita cet asile et trouva le saint abbé occupé à cultiver de ses mains les vergers qu'il avoit plantés. Il dut éprouver une vive surprise à la vue de ces superbes édifices sortis en peu d'années du sein des rochers, et de ces jardins délicieux qui venoient de succéder à des bruyères sauvages. Peut-être même cette impression ne fut pas inutile aux arts protecteurs de la patrie. Ainsi le christianisme réalisoit à cette époque reculée de notre civilisation moderne les fables de la mythologie, et les moindres anachorètes du désert pouvoient rappeler à une imagination poétique la fiction profane d'Apollon exilé du ciel. Ils élevoient des murailles plus durables que celles de Laomédon, ils dessinoient des bocages plus ravissants que ceux d'Admète, et leur vie terrestre étoit aussi un exil. *Incola est anima mea!* Soumise à des guerriers sauvages, la France tomboit sans retour aux derniers degrés de la barbarie, si de pauvres cénobites ne lui avoient appris à bâtir des temples et à fertiliser des landes désertes. Je crains que nous ne jugions quelquefois avec trop de sévérité ce qu'on appelle l'égoïsme du solitaire. Il est certain du moins que toutes les idées fortes et solennelles qui ont régénéré les peuples sont sorties de la solitude.

L'invasion de ces hommes du Nord qui devoient donner depuis des ducs à la Neustrie, des chevaliers à la Palestine, des libérateurs à la Sicile, des conquérants à la Grande-Bretagne, des souverains à tant de peuples, et laisser leur nom à une de nos plus fameuses provinces, porta plus d'une fois la terreur et la désolation dans la petite colonie chrétienne du vallon de Fontenelle. On la voit se rachetant difficilement à prix d'argent[1] des maux de l'invasion de 841, et emportant avec elle en 856 à travers la Picardie et la Flandre les reliques de saint Wandrille et de saint Ausbert, car elle ne changea pas de climats sans dire comme le Scythe aux ossements des pères de la solitude, de se lever et de la suivre. En 862, les Normands reviennent, et le monastère tombe. Cent ans passent encore sur ses ruines avant que saint Gérard, abbé de Gand, puisse tenter de rendre les précieux restes des bienfaiteurs de la contrée aux tombeaux dont ils ont été si long-temps bannis, et la restitution de cette terre sacrée lui est contestée par de misérables tyrans, usurpateurs aujourd'hui inconnus des débris de ces monuments qu'ils n'avoient pas su défendre. La dédicace de la nouvelle église n'eut lieu qu'en 1033, sous le bienheureux Gradulfe. Après deux siècles qui rappellent quelque chose de son ancienne splendeur, et toutefois souvent frappée de la foudre, souvent dévastée par de terribles incendies, elle périt enfin presque entière dans un incendie plus terrible que tous les autres vers l'an 1250. En 1255, elle se relève sous Pierre Mauviel, abbé; se continue ensuite sous Geoffroy, deuxième du nom, qui en acheva le chœur; s'agrandit par les soins de Guillaume de Norville, troisième du nom, qui fit construire la moitié de la nef, et un clocher carré central, égal en hauteur aux collines voisines, avec une flèche qui dépassoit de sa pointe élancée le niveau de leurs plateaux supérieurs. Elle se termine enfin sous le quatrième Geoffroy, dans les dernières années du quatorzième siècle. C'est elle dont nous venons de voir, dont nous chercherons bientôt inutilement les ruines. Le temple du Seigneur dans le vallon de SAINT-WANDRILLE a résisté à tous les éléments conjurés, à toutes les passions ennemies. Il a triomphé des feux de l'homme et des feux du ciel, de l'incendie et du tonnerre. Le farouche Gabriel de Montgommery qu'une fatalité tragique avoit voué au régi-

---

(1) *Redemptum est Fontinellense cœnobium libris sex*, v^e *Kal. junii.*

cide[1] et poussoit à l'échafaud[2]; Montgommery dont le nom funeste est lié au souvenir de tous les excès des religionnaires dans la Normandie, imprime en vain sur les bords du ruisseau de Fontenelle la trace sanglante de son passage. Tout vivoit encore après lui, car la violence n'anéantit rien pour toujours. Ce privilége déplorable est réservé à la fausse sagesse qui veut être semblable à Dieu. Échappé aux ravages de la barbarie, l'édifice des saints s'écroula sous le poids de la civilisation, et maintenant il ne se relèvera plus.

Indépendamment des églises qui couvroient d'abord le terrain de l'église moderne, saint Wandrille avoit fondé aux environs plusieurs chapelles qui servoient de station au pélerin, d'asile au voyageur, d'hospice au malade. Un de ces oratoires étoit immédiatement placé sur le bord de la fontaine, et rappeloit un miracle encore consacré aujourd'hui par le pélerinage de NOTRE-DAME-DE-CAILLONVILLE. Il y a quelques années que cette chapelle n'existe plus, et le prêtre long-temps exilé qui la cherchoit à son retour, n'y a pas trouvé sans surprise le concours habitué du peuple chrétien, ramené par le souvenir de cette solennité ancienne. Le vieux banni, debout sur tant de ruines, au milieu d'une foule avide de la parole du Seigneur, n'a pas eu besoin de demander à l'art des rhéteurs le secret de son éloquence. Tout parloit

___

(1) « Ainsi que notre roi Henri second, lequel estoit un des plus adroits princes
« du monde, eut rompu plusieurs fois son bois au tournoy qui se faisoit en la
« rue Saint-Antoine à Paris, il advint qu'à sa dernière course, et que Gabriel de
« Montgommery, capitaine de sa garde escoçoise, eut rompu sa lance sur sa majesté,
« l'un des esclats d'icelle entra dans sa visière qui n'estoit si bien fermée qu'elle
« devoit, et lui atteint l'œil jusqu'au cerveau. Il fut frappé de ce coup le jour Saint-
« Pierre vingt-neuvième du mois de juin, et rendit son ame à Dieu le dixième jour
« du mois de juillet ensuiuant : autant regretté de chacun que roy qui ait régné passé
« sont cinq cents ans. Car aussi c'estoit l'un des plus beaux, gracieux, humain et
« vaillant prince qui fut jamais. » De Bras de Bourgueville, *Recherches et Antiquités de Caen*.

(2) Il fut décapité à Paris, le 26 juin 1574.

autour de lui des fureurs de la persécution, des foiblesses de l'homme et de la grandeur de Dieu; mais il joignit sans doute aux tristes inspirations d'un lieu désolé des sentiments et des conseils de miséricorde, car ceux qui ont beaucoup souffert ont appris à compatir beaucoup aux peines de leurs semblables.

Le second oratoire, situé sur la colline septentrionale, étoit dédié à saint Saturnin, dont il contenoit quelques reliques. Une chapelle subsiste encore sur cet emplacement, et conserve même certaines parties de son antique construction. Le coteau dont elle occupe le sommet est indiqué dans les vieilles chartes sous le nom de *Mont des Vignes*, et l'ancien chroniqueur en parle comme d'un vignoble autrefois riche et fertile. C'est probablement celui où Thierry égaré à la suite de sa chasse rencontra saint Ausbert livré aux soins de la culture. Les histoires du temps rapportent qu'un saint prêtre nommé Hardouïn, charmé des beautés pittoresques de cette solitude, vint y établir sa demeure pour mieux se livrer à l'étude de la science des nombres et à la transcription des livres saints, docte et utile loisir des ermites, avant l'invention de l'imprimerie et la renaissance des lettres. De ce point élevé, l'œil embrasse la vue la plus délicieuse sur le frais vallon de Caubecquet, la Seine qui y développe son cours, les vaisseaux qui la couvrent de leurs voiles, et les gracieux paysages de la rive opposée. Il s'arrêtoit autrefois sur l'île de *Beleinae*, située vis-à-vis de Caudebec, et dans laquelle étoit bâti le monastère de Saint-Condé. Un jour, il chercha inutilement et les tours antiques de l'abbaye, et la riche verdure des bois qui l'entouroient. Tout venoit de s'abymer sous les eaux. En 1641, plus de deux siécles après, l'île de *Beleinae* reparut, chargée encore de quelques unes de ses ruines, mais ce fut pour un petit nombre de jours, et le fleuve ne tarda pas à l'engloutir de nouveau. Peut-être même ce sont aujourd'hui les débris submergés de cette île errante qui promènent sous les flots des écueils mobiles, et qui rendent si périlleuse la navigation des parages de Quillebœuf.

Enfin de touchants souvenirs sont attachés au dernier de ces oratoires qui étoit dédié à saint Amand, et construit au bord même de la Seine. C'étoit là que saint Ouen, saint Wandrille et saint Philibert, abbé de Jumiéges, se donnoient de pieux rendez-vous; et plusieurs siècles après on voyoit encore les lits et les chaises qui leur avoient servi dans l'humble réduit contigu à la chapelle, modestes monuments de ces conférences de foi, d'espérance et de charité qui laissent peu de souvenirs aux hommes, parcequ'elles n'ont produit ni des guerres désastreuses, ni de longues révolutions, mais dont les fruits ne sont peut-être pas perdus pour le ciel.

L'église paroissiale étoit dédiée à saint Michel, dont la grande basilique, placée *dans le péril de la mer* entre Granville, Avranches et Pontorson, présidoit de loin à toutes les succursales du continent. Ce bâtiment fut élevé aux dépens des édifices antiques de Lillebonne, et la pierre des monuments payens dont il paroît que César avoit embelli cette ville servit à la construction du temple de l'archange.

Quelques parties de cette église peuvent remonter au huitième siècle, époque de sa fondation. De ce nombre sont le clocher, dont les arcades demi-circulaires à l'extérieur ont été converties toutefois à l'intérieur en croisées ogives, depuis l'invasion de cette architecture orientale qui remplaça l'architecture romane, et que nous appelons assez improprement *le gothique;* une petite abscide méridionale qu'éclaire une fenêtre demi-circulaire comme les arcades du clocher; et enfin les archivoltes de la nef qu'on a défigurées depuis par de détestables chapiteaux d'ordre dorique tronqué, amalgame barbare d'éléments sans harmonie, dont la combinaison, aussi choquante pour les yeux que pour la raison, fut l'opprobre des siècles d'ignorance, et ne devroit du moins se renouveler jamais dans les siècles éclairés.

Saint-Wandrille est loin d'offrir au poëte et à l'historiographe les mêmes souvenirs que l'abbaye de Jumiéges. On n'y retrouve ni les faits mémorables des preux, ni les disgraces des héros, ni le séjour des rois, ni le manoir des belles. Il n'y est question que de solitaires et de saints dont le premier desir étoit de se faire oublier. A peine rencontre-t-on dans ses annales le nom d'un Bayard, abbé, qui fut probablement parent d'un de nos plus illustres chevaliers. Auprès de ce nom immortel on regrette de voir pâlir le nom du dernier descendant de la race de Mérovée. La chronique de Fontenelle nous apprend en quelques lignes que l'héritier des Francs y finit ses jours sous le cilice, et ces lignes accordées à regret à un prince déchu ne contiennent pas le moindre secret de l'histoire, pas le moindre hommage du sentiment, rien qui témoigne le regret, ou la reconnoissance, ou l'espoir. Ce roi n'étoit pas mort roi. La dynastie venoit de changer.

Ruines de l'Abbaye de Saint Wandrille.

Ruines de la grande Église de l'Abbaye de S.t Wandrille.

Fragmens
grande Église de l'Abbaye de S.t Wandrille.

Église de St Michel

Saint-Wandrille

Saint Wandrille Église St Michel.

Abbaye de Saint Wandrille et église de Saint Michel.

Lillebonne.

L'ouvrage de Ptolémée, l'itinéraire d'Antonin, la carte de Peutinger, sont probablement les seuls monuments de la géographie ancienne où il soit fait mention de *Juliobona*.

Il n'importe peut-être pas beaucoup de savoir si cette ancienne capitale du pays des Calétes, qui compose aujourd'hui en grande partie le riant pays de Caux, est la ville du même nom que Ptolémée place sur la rive gauche du fleuve, et si la critique géographique trouveroit moyen d'expliquer sa méprise par la nouvelle circonscription des Gaules établie sous Auguste qui incorpora les Calétes avec leur capitale dans la Gaule lyonnoise, sans égard au cours de la Seine et à celle de ses rives où cette ville étoit placée. Puisque cette distraction a pu échapper au cosmographe, elle n'appartient plus qu'à l'érudit, explorateur en titre des fautes du savant. Quant à nous qui cherchons moins des noms et des dates que des faits intéressants, et qui cherchons bien moins encore des faits que des impressions et des tableaux, nous aimerons à trouver cette ville des anciennes traditions dans la ville de César; car on ne peut au moins refuser à Lillebonne ce dernier genre d'illustration, bien que le fait sur lequel il repose, le séjour de Jules César dans ses murs, soit à-peu-près infirmé dans les *Commentaires*. La voix toujours vivante des traditions qui se propage au-delà de tous les ouvrages de l'homme, le témoignage unanime des chroniqueurs et des historiens, et particulièrement d'Ordéric Vital, le style et l'âge des monuments, l'identité enfin d'un nom qui a traversé plusieurs siècles, attestent par-tout le passage ou l'influence d'un héros, qui marquoit ses progrès sur la terre des vaincus, en y relevant des cités : seul conquérant dont les Gaules honorent encore la mémoire.

A l'exception de quelques lignes de la chronique de Saint-Wandrille dont nous avons fait mention, et qui indiquent qu'on alla chercher à Lillebonne vers le milieu du huitième siècle, dans les débris des temples payens, les pierres propres à la construction des voûtes et de la façade de l'église de Saint-Michel, on ne trouve plus de traces de l'existence de cette ville jusqu'à la domination des Normands qui, attirés par la beauté de sa situation, et retenus par la grandeur de ses souvenirs et le charme poétique de ses solitudes, y édifièrent avec soin pour leurs capitaines des palais, des retraites ou des tombeaux. Les antiquités de Lillebonne parlent à-la-fois au voyageur des premiers empereurs de Rome et des premiers ducs de Neustrie. Il n'y voit pas un débris où son imagination ne puisse placer un trophée. Assis entre une ruine romaine et une ruine gothique, les yeux attachés sur le cours de la Seine et tournés vers la Manche, il embrasse dans sa pensée tous les âges de la gloire depuis César jusqu'à Philippe-Auguste, et il se rappelle avec amertume qu'il est de la destinée de toutes les gloires humaines d'aboutir comme ce fleuve à un océan sans bornes qui les dévore pour toujours.

La vue générale de Lillebonne offre à-la-fois un des aspects les plus pittoresques de cette Normandie, si riche en aspects délicieux, et un des tableaux les plus intéressants de la topographie historique. Tous les souvenirs des temps reculés et des temps intermédiaires planent sur ces paysages enchanteurs; ceux de la Gaule avec ses druides, de Rome avec ses colonies et ses monuments, des Danois avec leurs entreprises et leurs conquêtes, des paladins avec leurs fêtes et leurs tournois. Cet horizon éloigné a peut-être été blanchi par les voiles victorieuses de Guillaume. Ces créneaux ont protégé le conseil des guerriers réunis pour la gloire de la patrie, et les délibérations pacifiques des conciles, assemblés pour la défense de la foi. Si ces murailles de deux mille ans qu'on reconnoît à l'isolement de leurs pans, à la distribution régulière de leurs assises de briques, à la solidité inaltérable de leur ciment, venoient à se rappeler tout-à-coup les bruits qui les ont frappées, on entendroit encore dans leurs échos le cri du gladiateur mourant ou les rugissements du bestiaire; et non loin de là ces bâtiments chargés de siècles, dont des lierres vigoureux embrassent et consolident les ruines, retentiroient du choc des lances, du fracas des épées et des armures, du hennissement des palefrois, du nom chevaleresque des Aymery de Châtelleraud, des Rieux de Rochefort, des sires d'Harcourt et de Tancarville. C'est dans ce château même, s'il faut en croire Guillaume de Malmesbury, que le héros qui a fourni à l'histoire de Normandie ses pages les plus mémorables..... que dis-je? c'est peut-être dans cette salle antique, au-dessus de ces planchers brisés, autour de cette cheminée suspendue aux murs de l'enceinte que toutes les pluies sillonnent, que tous les orages ébranlent, qu'entraînera la première tempête, c'est là, dit-on, que le conquérant de l'Angleterre convoqua ses barons pour délibérer avec eux le projet et la victoire. Une fausse tradition qui place le point de son départ à Tancarville, et non à Saint-Valery-en-Somme où il doit s'être effectué, semble du moins confirmer celle-là. On croiroit que ce peuple, accoutumé à jouir de sa présence, et qu'il venoit d'associer aux conceptions de son génie et de son courage, n'a pas voulu céder à une contrée voisine l'honneur du plus grand événement de sa vie. C'est ainsi que nous avons remarqué dans la Germanie et la grande Grèce qu'il n'y avoit presque point de fleuve au nom duquel la mémoire du peuple ne rattachât quelque fait particulier du voyage des Argonautes. Le sol même qu'entourent les débris du théâtre des Romains et du palais des Normands est une précieuse mine d'antiquités des deux époques. Il arrive souvent que l'agriculteur en détachant de la terre la racine d'une mauvaise herbe, le pâtre en détournant un peu de sable avec la pelle ou le crochet de sa houlette, découvrent la fibule d'argent qui fixa autrefois le vêtement élégant d'une vierge, ou l'étoile aux rayons aigus, qui arma l'éperon d'un chevalier.

L'enceinte vide de l'ancien château ne présente plus qu'une cour immense, dans laquelle on pénètre par une ouverture coupée en forme de guichet, et où les débris des voûtes et des cloisons disparoissent sous une nappe de verdure foncée, dont l'irrégularité sauvage a quelque chose de triste. Presque tout ce qui reste des constructions appartient à l'architecture romane ou demi-circulaire. Dans les sept croisées arrondies qui portent sur des croisées alternes, abondent les feuilles finement découpées de la fougère et de la scolopendre, qui contrastent par la pâleur de leurs nuances, la transparence de leurs touffes légères, et la clarté des rayons qui les pénètrent, avec le ton noir et meurtri, la morne immobilité, l'obscurité opaque et humide des géraniums, des jusquiames et des ciguës qui rampent sur la terre. L'intérieur de ces murailles n'est guère visité que par le curieux qui vient chercher sous leurs débris, avant qu'un écroulement universel les couvre de débris impénétrables, les fragments d'un heaume ou d'une cuirasse à demi rongés par la rouille. Le lésard vert seulement, ranimé par les rayons du soleil qui frappent sa retraite, se hasarde à dégager sa tête du milieu des pierres calcinées, la dresse, la tourne, s'arrête, glisse et tombe à travers les déblais épars et sans forme sur lesquels la couleuvre a déposé naguère sa robe transparente et argentée. Il s'avance, recule, observe, écoute et s'avance encore, se fixe sur une pierre blanche, aiguë, élevée, et, content de régner sur tout cet empire des reptiles, il se repose et livre les émeraudes de ses écailles mobiles aux jeux variés de la lumière. Si un oiseau de proie fait entendre du haut du ciel son cri semblable au vagissement d'un enfant au berceau, il fuit; et vous ne reconnoissez sa trace qu'au sifflement des herbes qu'il a touchées en passant.

On dit aussi que l'*Aigle de la Mer* a fait quelquefois son nid dans ces créneaux. Cette particularité qui auroit fourni aux anciens des superstitions et des poëmes, n'est pas à dédaigner dans le château de Guillaume-le-Conquérant.

La vaste enceinte qui entoure ce bâtiment est pleine de constructions de différentes époques. A gauche de la porte d'entrée, et au-delà du corps d'habitation moderne, s'élève une tour magnifique dont la tour de Falaise nous rappellera bientôt l'aspect, soit qu'elle ait été bâtie vers le même temps et avec des pierres d'une nature analogue, soit qu'un sentiment qu'on ne définit pas d'abord fasse embrasser involontairement à l'esprit tout l'espace qui sépare la naissance du fils d'Arlette, du jour où ce guerrier alla planter l'étendard des Normands sur les rochers d'Albion, à la lueur de sa flotte incendiée. Ces tours postérieures de quelques siècles ne sont au reste que les monuments de sa gloire. Elles n'en sont pas les témoins. Nous venons de quitter le palais de Guillaume. Nous marchons maintenant parmi les édifices que ses successeurs ont fondés pour l'orner, ou pour le défendre.

La tour de LILLEBONNE est séparée des cours par un pont-levis de trente-trois pieds jeté sur un fossé très profond. Elle a cinquante-deux pieds de diamètre partagés de la manière la plus égale entre le plein et le vide; les murs ont treize pieds d'épaisseur. Les fenêtres à pointes aiguës, les arrêtes des voûtes chargées de culs-de-lampe élégants, révèlent déjà cet âge de perfectionnement, ou si l'on veut d'ingénieuse imitation, dans lequel l'originalité des conceptions romantiques de l'architecture intermédiaire commençoit à reconnoître et à subir l'influence d'une architecture plus classique. On parvient à son sommet avec un peu de difficulté parmi des débris qui s'accumulent tous les jours, depuis que les fortes couvertures en plomb qui la défendoient ont été sacrifiées par les propriétaires à des considérations que nous n'apprécions pas, mais que nous déplorons amèrement. Une tour anguleuse, prismatique, plus ancienne, plus rapprochée aussi du château de Guillaume, et qui n'offre aux regards, sur quelques uns de ses points, qu'une saillie vive, élève encore du côté de la cour, au-dessus de quelques arcades et de quelques fenêtres en ogive, une belle fenêtre treflée. Des jardins potagers qui couvrent maintenant l'ancienne terrasse, et s'appuient contre les murailles des vieilles fortifications, dominent en cet endroit sur une des vues les plus délicieuses de la Normandie. Rien de majestueux et de sévère comme les côtes boisées qui ferment ce magnifique horizon, et sur lesquelles, au milieu d'une profonde masse de verdure, la flèche de pierre blanche du clocher gothique se détache comme un géant éclatant.

En se rapprochant de cette église, on découvre dans son portail un des exemples les plus remarquables de la variété d'imagination qui caractérise le goût original des artistes antérieurs à la renaissance. Il est probable que les anciens ne nous avoient pas dérobé d'avance tous les secrets, ou du moins toutes les inspirations des arts, et que nous aurions aussi des arts, même quand leurs exemples désespérants, quand leurs inimitables chefs-d'œuvre n'auroient pas été apportés de la terre de Périclès et d'Auguste sur celle de Charlemagne et de François Ier. Nous aurions été seulement réduits à inventer comme les anciens.

L'architecte a placé ici à la grande porte de son temple deux avant-corps inégaux qu'il a enrichis de la décoration la plus neuve et la plus ingénieuse. Le soubassement reçoit une variété infinie de moulures, dont quelques unes s'arrêtent au diamètre d'un petit tore pour former une base; puis s'élèvent des fûts de colonnes qui, au lieu d'aboutir au chapiteau accoutumé sur lequel portcroit l'entablement, s'évanouissent pour ainsi dire dans un ornement élégant qui leur donne au-dessus des masses puissantes dont ils s'élancent la forme religieuse et solennelle d'une longue suite de candelabres. Les *fastiges* des niches où devoient être érigées les statues annoncent un génie plein de hardiesse et un ciseau très exercé.

L'ordonnance générale de l'édifice, l'imagination brillante et variée qui se fait reconnoître dans tous ses détails, donne lieu de regretter que l'artiste n'ait pu terminer qu'une partie des sculptures projetées. Beaucoup de fragments témoignent que les deux tiers au moins de ces figures ont été exécutées dans le temps. De grands blocs placés dans les niches qui ne sont pas vides de l'image achevée et détruite, attendent pour toujours qu'une main habile daigne faire sortir de leur masse inutile une statue animée du style naïf et religieux des Ghiberti et des Donatello. Et chose étrange, cette pierre informe a survécu à celles qui l'entouroient, du privilége de n'être qu'une pierre informe, et de ne représenter ni un des apôtres de la foi, ni un des bienfaiteurs de l'humanité!

Vue générale de Lillebonne.

Ruines du Château d'Harcourt

Intérieur de la grande salle du Château d'Harcourt

Fossés de la grande Tour du Château d'Harcourt.
Lillebonne.

VIEW OF THE WATER SPOUT.

Entrée de l'église de Lillebonne

Détails. Église de Lillebonne.

Détails, Château d'Harcourt Lillebonne.

Tancarville.

De Lillebonne à Tancarville, il n'y a que la distance convenable pour séparer deux habitations féodales, des collines qui s'élévent en remparts, des gorges qui s'approfondissent en fossés, quelques broussailles épaisses où l'on pouvoit jeter une embuscade, quelques rares clairières où l'on pouvoit se joindre, et *mener les mains*, comme disent les vieux chroniqueurs, *à qui avoit la plus belle amie*. Arrivé au pied d'une côte escarpée qui s'étend à la droite de Lillebonne, et dont les crayons d'un grand artiste m'ont épargné le soin de retracer l'aspect pittoresque, on trouve deux chemins qui conduisent du palais de Guillaume à l'habitation des anciens preux, et qui viennent aboutir au joli village de Saint-Nicolas, dont le nom même rappelle par son étymologie grecque des souvenirs de grandeur et de gloire. La chapelle du saint, que la plus belle des langues de l'antiquité avoit appelé *le vainqueur des peuples*, semble ne lui avoir pas été dédiée sans dessein sur le chemin du conquérant de l'Angleterre, et le nom de son bienheureux protecteur n'auroit pas manqué d'offrir, dans un siècle plus érudit, un augure assuré de victoire au duc de Normandie, comme celui de Nicias que les Athéniens portèrent, dit-on, sans autre motif, au commandement des troupes de Sicile.

L'air d'aisance et de bonheur, la propreté recherchée, tout l'ensemble élégant de ce village, non loin des bords de la mer dont le bruissement commençoit à monter jusqu'à nous, réveilloient dans notre esprit le souvenir des bastides enchantées de Nice ou de Trieste, et des fabriques délicieuses des environs de Harlem. Nous aurons souvent occasion de revenir sur ces rapprochements. Un François qui a vu l'Europe et le monde peut retrouver l'Europe et le monde en France. Les hauteurs solennelles du Caucase, les pics audacieux, les tables immenses de l'Afrique, la chaine colossale des Andes elles-mêmes, n'ont point de grands traits, point d'impressions imposantes, point de révélations divines qui ne se manifestent en quelques points de nos Alpes ou de nos Pyrénées, dans les coupoles magnifiques des Vosges, dans les larges plateaux, les lacs romantiques, les vastes cataractes du Jura. Le Midi a des antiquités que Rome ne répudieroit point. Le moyen âge n'a rien produit de supérieur, chez les autres peuples, aux chefs-d'œuvre d'architecture intermédiaire qui enrichissent nos provinces de l'Ouest. Les Maures n'ont point enseigné à l'Espagne d'ingénieuses merveilles qui ne charment encore nos yeux dans les compositions si piquantes, si légères, si variées de l'architecture gothique. L'Écosse et le pays de Galles nous envient ces monuments cyclopéens de nos côtes de Bretagne, sur lesquels l'histoire, muette par ignorance, ose à peine démentir l'imagination qui les attribue aux génies et aux fées. Si nous contemplons avec étonnement les travaux de ces générations reculées, qui, nouvellement initiées au mécanisme des arts, animèrent de leurs premières inspirations le tableau du monde astronomique, que dirons-nous de nos aïeux, qui, dans des temps antérieurs à la découverte des arts les plus grossiers, renfermoient les mêmes descriptions et les mêmes images dans une enceinte de *pierres levées?* Les gnomons, les aiguilles, les obélisques, les fameuses pyramides de l'Égypte, ouvrages prodigieux, et non pas inexplicables d'un peuple très civilisé, étonnent bien moins la pensée que ces obélisques et ces pyramides d'une seule pierre qui se sont élevées du sol à la voix des druides. Parcourez nos anciennes cités. Vous y trouverez les cirques, les arènes, les amphithéâtres qu'on va si curieusement visiter en Italie; les églises grecques, les dômes, les minarets du levant; les traces des Celtes, des Grecs, des Romains, des Francs, de la civilisation entière. Attachez-vous quelque prix aux sauvages beautés de l'Edda, aux récits gigantesques, aux rêves mélancoliques des Bardes de Calédonie? Interrogez les traditions de la vieille Armorique. Préférez-vous les peintures éclatantes des Arabes? Faites-vous raconter les exploits des paladins, et la vie aventureuse et charmante des troubadours. Nos contrées ne sont dénuées d'aucune des couleurs qui brillent sur la palette du peintre, d'aucun des souvenirs qui animent l'heureux génie du poëte. Elles offrent à la jeunesse, encore plongée dans l'ivresse de ses illusions, tous les attraits de l'Orient de Saadi, des ruisseaux de cristal, des nuages de parfums, et des moissons de roses. Elles ne refusent pas au cœur désabusé, qu'une habitude précoce du malheur rend moins accessible aux impressions communes, les austérités et les terreurs du Nord d'Ossian, des forêts menaçantes, des cascades impétueuses et des abymes. Elles réservent enfin au plus calme, au plus fortuné des âges de la vie pour ceux qui n'ont pas perdu le repos de la conscience avec tous les autres biens, le doux enchantement des paysages rustiques de Théocrite et de Virgile; des asiles simples, mais agréables, dont le sage préfère les modestes avantages à toutes les richesses des rois, de frais enclos entourés de lis éblouissants, de petites plantations de tilleuls et de pins chargés de fleurs, et des abeilles prodigues de leur miel comme celles du vieillard du Galèse [1].

La route du village au château, qui n'est praticable que pour les piétons et les cavaliers, est tracée presque tout entière au travers d'un petit bois, plus agréable par le mouvement des sites que par la richesse de

---

(1) GEORG. IV.

la végétation, et serpente en nombreux détours sur le revers d'une jolie colline, au pied de laquelle court une plaine étroite et profonde. On arrive enfin au point le plus élevé du coteau, et l'horizon si borné se développe tout-à-coup comme une tenture uniforme et immense, sur laquelle on ne distingue qu'un premier plan fortement arrêté. En face du spectateur, au sommet d'une de ces falaises qui semblent protéger d'une fortification naturelle tous les parages de la Manche, se groupent les tours de TANCARVILLE, et les débris de ce château ancien que l'étendue de son cadre et la grandeur de ses constructions distinguent trop de la plupart des manoirs chevaleresques du moyen âge, pour qu'il soit permis de le confondre avec eux sous une dénomination commune. A la distance où nous nous trouvions, ces grandes masses de pierres qui blanchissoient sur les flancs de la montagne nous représentoient les colonnes d'Hercule, et nous rappeloient, comme elles, qu'il n'y avoit plus rien au-delà que les espaces inconnus de la mer et du ciel. Seulement, dans l'intervalle qui nous séparoit des ruines, autour d'une petite baie où les courants de la Seine, modeste Pactole des pêcheurs, raménent à des époques connues de nombreuses tribus de poissons aux écailles d'or et d'argent, les pauvres habitants du rivage ont amassé leurs tristes chaumières qui se touchent par le plus grand nombre de points possibles, comme les cellules de l'abeille; car cette côte est fort exposée aux orages; et dans un état de péril continuel et imminent, les hommes pressent leurs habitations les unes contre les autres. Quoi qu'il en soit, le hameau de la baie de TANCARVILLE a vu probablement élever ces murailles, et tout annonce qu'il durera plus long-temps qu'elles, privilége toujours assuré aux constructions des âges d'ingénuité et de force qui ont précédé les âges d'esprit et de perfectionnement. Plus on remonte en effet vers les origines de la civilisation, plus on trouve des ruines durables et vivaces. Plus on se rapproche au contraire des temps raffinés de la société, plus les monuments deviennent éphémères, plus les constructions de l'homme dégénèrent en laborieuses puérilités. Il semble que la Providence ait voulu attacher à cet emblème l'histoire de nos fausses sciences et de notre perfectibilité inutile. Nous en trouvons la preuve à TANCARVILLE même, où du milieu des débris d'un château du dix-huitième siècle, élevé dans la situation la plus agréable de l'Europe, sous les auspices de la fortune et du pouvoir, nous avons contemplé avec étonnement les débris infiniment mieux conservés d'un château des temps reculés, qui est depuis deux siècles en proie à l'abandon le plus absolu, et qui appartient à une catégorie d'édifices contre lesquels une génération malade a poussé pendant dix ans des cris de guerre et de destruction. Ces ruines intermédiaires se sont maintenues. Elles vivent, et protégeront long-temps peut-être les habitations passagères que des sociétés nouvelles viendront bâtir au pied de leurs masses imposantes, pour y placer un moment d'insouciants habitants qui en jouiront sans espérance, et les quitteront sans souvenir. Ces ruines elles-mêmes périront enfin à leur tour, et le monument barbare d'un peuple encore plus reculé dans le passé, le bloc informe et sauvage, unique vestige d'une nation douteuse dont le nom est perdu pour l'histoire, subsistera autant que les siècles. Révélation ingénieuse et forte de cette puissance manifestée dès le jour du jugement de l'homme, qui a borné sa vie terrestre en raison opposée de l'accroissement de sa science, et qui a marié dans son existence, dans ses conceptions, dans ses systèmes, le perfectionnement à la mort. Ainsi les peuples nouveaux se flattent d'une jeunesse énergique ou d'une maturité virile qui n'est peut-être que l'illusion de la décrépitude ou le dernier rêve de l'agonie; et, sous l'aspect d'une vieillesse qui brave les âges, les restes toujours caducs et toujours superbes des temps anciens nous accoutument à l'idée de leur immortalité inaltérable. Du haut des monuments de la monarchie, pour nous servir d'une prosopopée célèbre, douze siècles de grandeur nous contemplent. On peut douter que les siècles se reposent jamais sur nos fragiles monuments, et qu'ils puissent de ces hauteurs périssables, qui s'affaissent de jour en jour, contempler long-temps notre incertaine postérité.

Le sentier enchanteur qui conduit par une pente facile jusqu'à la porte du château, se dessine à la vue à travers des tapis de mousse émaillés de jolies plantes silvatiques, et dont le feuillage humide des hêtres et des noyers entretient la ténébreuse fraîcheur. A peine voit-on courir quelquefois sur la verdure immobile, comme le reflet d'un miroir balancé par le vent, quelques points lumineux, tombés d'un rayon du soleil brisé entre les rameaux que le temps commence à dépouiller de leurs feuilles. Ils tremblent, se croisent, se poursuivent, se divisent, et s'éteignent. A notre droite et à nos pieds se développoit la route romanesque de la Cerlangue, bordée d'arbres magnifiques. Devant nous s'ouvroit ce palais dont nous devions visiter les vestiges; et la herse de fer qui en défendoit autrefois l'entrée, toute rongée aujourd'hui par la rouille et par le temps, étoit déjà suspendue sur notre tête; mais ce tableau de prestiges venoit de perdre le premier de ses charmes, l'attrait d'un point de vue dont on veut toucher les détails, et qui s'évanouit à mesure qu'on s'en approche, image trop vraie de la plupart de nos espérances et de nos plaisirs. Il ne restoit de tout cela que des murailles menaçantes exhaussées sur d'énormes amas de pierres que parcourent, enveloppent et lient, les bras épineux des ronces; de grandes salles jadis consacrées aux fêtes des châtelains, et qui conservent encore l'empreinte à demi effacée de leurs nobles écus, maintenant dépouillées de leurs ornements, découvertes de leurs voûtes, et devenues l'asile des reptiles de la terre et des oiseaux de nuit; de vastes croisées à travers lesquelles s'élancent tous les feux du soleil pour éclairer je ne sais quelle scène de mort et d'oubli qui désole le cœur. Ce n'étoient plus que des ruines. Les yeux de l'homme ont besoin, comme son imagination, d'une perspective infinie qui se prolonge au-delà de toutes les bornes de la pensée, et à laquelle il ne puisse toucher jamais. Telle est celle qui se déploie du haut de la belle terrasse de TANCARVILLE, et qui multiplie, comme une glace magique, les aspects les plus imposants et les plus variés : le cours immense de la Seine qui se précipite vers son embouchure, en baignant au loin de mornes falaises, des habitations agréables et des ports opulents; le petit esquif penché par le vent qui sillonne de l'extrémité inférieure de sa voile la surface flatteuse, tandis que l'équipage inquiet épie la direction toujours nouvelle des bancs de sable errants de Quillebœuf si redoutés des navigateurs; la mauve et le goëland aux ailes effilées qui montent perpendiculairement vers le ciel en grinçant les valves de leur bec avec un bruit aigre qui ressemble à celui de la pierre attaquée par une forte lime, retombent en roulant sur eux-mêmes comme le fuseau échappé à la main d'une bergère, effleurent légèrement les eaux qu'ils font jaillir autour d'eux en poussière d'argent, et après s'être plongés mille fois dans ce nuage limpide, courent sur les vastes plaines du fleuve et de la mer, s'enfoncent, se relèvent, s'envolent et disparoissent dans la voile éloignée dont ils égalent la blancheur : à l'occident enfin, les deux plus grandes merveilles de la création, l'océan et le soleil, le soleil qui s'abaisse ou plutôt qui tombe sur la mer, double en se rapprochant d'elle son disque éblouissant, le confond rapidement avec son image passagère, les resserre en ovale horizontal, l'étend en segments d'or, les réduit en lignes étroites et fugitives, dernier indice de l'horizon, après lequel les derniers flots se perdent bientôt dans les premiers nuages. Ce spectacle nous avoit arrêtés si long-temps qu'à notre retour nous ne trouvâmes pas sans peine notre chemin à travers les cours désertes et les clôtures ruinées. Pas un nain qui saluât du chant de son cor, depuis le donjon désert, le départ de l'étranger; pas un varlet qui agitât au-devant de nos pas les longues flammes de sa torche de résine; pas une clarté qui jaillît des croisées antiques du château des Tancarville, des Melun, des Harcourt, des Montgommery, des Dunois, des Longueville, des Montmorency; une harpe qui annonçât les fêtes de la veillée, un bruit qui attestât l'épouvante excitée par l'histoire redoutable du revenant, ou le rire qui accueille ordinairement le fabliau joyeux du trouvère. La voix seule de l'oiseau plaintif qui gémit dans les vieilles murailles nous accompagna jusqu'au hameau; car ce lugubre héritier du séjour des paladins et des belles est plus jaloux que ses fiers prédécesseurs de la jouissance exclusive de ses domaines, et il aime à poursuivre d'une pensée d'effroi ceux qui osent en violer le mystère.

TANCARVILLE.

Le Château de TANCARVILLE rappelle peu de souvenirs historiques, mais il n'est pas dépourvu de traditions religieuses et chevaleresques. Les chroniques anciennes parlent souvent des démêlés des chambellans de TANCARVILLE et des sires de Harcourt. Il étoit naturel en effet que ces puissants seigneurs fussent ennemis. Ils étoient également braves à la guerre, également recherchés de leurs maîtres, et sur-tout ils étoient voisins. « Au temps du roy Philippe-le-Bel, dit le vieil annaliste,
« apres ce que le chevalier au vert lyon eut conquis au roy d'Arragon,
« il y eut grande dissençion entre deux grans barons de Normandie,
« c'est assavoir le sire de Harecourt et le chambellan de TANCARVILLE
« pour cause d'ung moulin, et a prendre la possession y eut grant debat.
« Le tort de Harecourt[1] lui xle de gens armés battit et naura les gens au-
« dit chambellan de TANCARVILLE, et par force il eut possession dudit
« moulin. Le chambellan sceut que ses gens furent villenés. Il fit se-
« mondre les hommes, et arriva avec ses amis au nombre de bien ccc
« hommes a Lillebonne ou estoient le sire de Harecourt et le tort son
« frere. La vint courir le chambellan et leur cria grans oultraiges et mau-
« vaistiés. Le sire de Harecourt l'en desmentit et eut grant assault, car
« ledit sire de Harecourt issit aux barrieres avecques tous ses gens, et
« tres bien se défendirent, et y eut gens tués de costé et d'autre. Le roy
« ouit parler de ce desconfort, si les envoya adjourner par messire
« Enguerrand de Margny (Marigni) a comparer devant lui. Or avint
« comme ils alloient a court, le sire de Harecourt trouva le chambellan,
« et lui courut sus et lui creva du doigt de son guantelet l'œuil senestre,
« puis s'en retourna a ses gens. Quant le chambellan fut gueri, il alla
« devers le roy et appela de gaige ledit seigneur de Harecourt. Monsieur
« Charles de Valois frere du roy aimoit moult le sire de Harecourt. Il le
« plégea et vint a court. Messire Enguerrand de Margny, grant conseil-
« ler du roy, dit que le sire de Harecourt avoit fait traïson. Monsieur
« Charles dit non. Messire Enguerrand desmentit monsieur Charles,

---

(1) On l'appeloit *le tort* à cause de quelque difformité naturelle.

TANCARVILLE.

« dont apres le compera si cher qu'il en fut pendu ja soit qu'il fut preud'-
« homme. La bataille fut ajugié, et vint le sire de Harecourt en champ
« armé de fleurs de lys, et se combattirent les deux barons tres fiere-
« ment. Le roy d'Engleterre et le roy de Navarre qui là estoient pré-
« sents dirent et prierent au roy de France que la bataille cessast, et
« que dommage seroit se si vaillants hommes comme ils estoient tuoient
« l'un l'autre. Dont fut crié ho de par le roy de France, et furent tous
« deux faits contens, et par lesdits rois fut la paix faite devers l'an
« MCCC. » (*Cronicque de Normandie.*)

Ruines du Château de Tancarville

Château de Tancarville.

Murs extérieurs du Château de Tancarville.

Entrée du Château de Tancarville.

Ruines du Château de Tancarville

Ruines du Château de Tancarville coté de la Forest.

Harfleur.

Rien n'est plus enchanteur que le point de vue de la montagne qui domine HARFLEUR en venant de Saint-Romain. De là se développent à notre droite de riches fabriques et de beaux jardins, à nos pieds une gorge creusée avec grace entre de jolis coteaux boisés; au fond, les constructions d'une ville élégante, surmontée d'un long clocher blanc; d'un côté, des vallées chargées de cultures fertiles ou d'agréables ombrages; de l'autre, un marais étendu qui a succédé à un ancien port et à d'anciennes grèves, et qui fait palpiter de loin le cœur du botaniste, parceque son aspect révéle d'avance quelques uns des trésors de la Flore pélasgienne. Cette rade de verdure a même conservé dans les accidents de sa couleur une certaine apparence des flots qui l'ont baignée autrefois. C'est un immense tapis de criste marine d'un vert sombre et sans reflets, sur lequel de longs bancs d'armoise aux fleurs éblouissantes blanchissent comme les vagues apportées par la marée. Si un vent frais parcourt la surface mobile et incline toutes les tiges à-la-fois, il ne manque rien à l'illusion, et le roi Artus qui passa la mer en cet endroit au commencement du sixième siècle pour combattre un Lucius qu'il tua près de Paris, croiroit pouvoir encore y abriter ses vaisseaux.

Peu de villes ont éprouvé plus de ces vicissitudes auxquelles est exposée la plus favorable, d'ailleurs, de toutes les situations dans une civilisation fixée, le voisinage de l'embouchure des grands fleuves et du rivage des hautes mers. HARFLEUR ne fut long-temps qu'un poste incertain entre deux peuples ennemis dont elle subissoit tour-à-tour ou les exactions ou les vengeances. C'est là que s'embarque Édouard, avec quarante bâtimens fournis par Guillaume-le-Conquérant; c'est là qu'après l'horrible parricide commis en 1202 par le roi Jean sur son neveu (et qui ne se rappelle la douleur et les imprécations de Constance!) c'est là que Philippe-Auguste qui avoit fait ajourner et condamner le duc de Normandie et d'Aquitaine par ses pairs, vint lui porter un nouvel appel du milieu de ses forteresses soumises. En 1346, Jean-de-Montfort, duc de Bretagne par conquête, ayant amené les Anglois dans cette province, « et le roy obligé de donner ordre de ce coté, dit Froissard, ils arriverent « en une forte ville que l'on clame HARFLEUR, et la conquirent tantost; « car les bourgeois furent forcés de la rendre pour doubte de mort, mais « ne demoura mie que toute la ville fut robée, pris or, argent et chers « ioyaulx, car ils en trouuerent si grand foison que garçons n'auoient « cure de draps fourrez et feirent issir tous les hommes hors la ville, et « les feirent entrer ès vaisseaux parcequ'ils ne vouloient mie qu'iceulx « se pussent rassembler pour eulx grever quant ils seroient outrepassez. « Apres que la ville de HARFLEUR fut prise et robée sans ardoir, ils s'épan- « dirent par le pays. » En 1415, à la suite d'une longue alternative de guerre et de paix, le roi d'Angleterre et son armée, « la vigile de l'As- « somption Notre-Dame, dit Monstrelet, reprirent encore le port au « Hocq, entre HARFLEUR et Honfleur; le roy logea en la prieuré de Gra- « ville. » D'inconcevables efforts ne sauvèrent pas HARFLEUR d'une nouvelle invasion des Anglois qui traitèrent cette ville avec la plus cruelle rigueur. Il paroît cependant qu'effrayés par les préparatifs si redoutables et si cruellement frustrés de la journée d'Azincourt, ils offrirent inutilement de rendre cette position pour passer *bagues sauves*. Une funeste présomption repoussa leur prière, et il s'ensuivit cette bataille de déplorable mémoire, la plus sanglante et la plus malheureuse de nos anciennes annales, où parmi tant de vaillants guerriers de toutes les classes, périt l'élite de la noblesse françoise, les d'Albret, les d'Alençon, les de Nesle, les Nevers, les Châtillon, les Boucicaut, les de Bar, les Mailly, les d'Aumont, les Belloy, les d'Allègre, les Béthune, les Craon, les Bauffremont, les Créquy, les Renty, les Beauvoir, les Cramail, les de Dreux, les Béthencourt, les Chalus, les Combourt, les Montauban, les Vaudemont, les Croy, et en tout plus de dix mille chevaliers. Ce n'est qu'en 1449 que la gloire de nos armes fut vengée sur ces côtes par Charles VII, qui, après s'être établi à Montivilliers « en grande pompe », rentra en possession d'HARFLEUR à des conditions très humiliantes pour l'ennemi. Les Anglois n'obtinrent qu'avec peine deux jours de délai pour attendre le retour de la mer qu'ils n'osoient aller chercher à travers les grèves, de peur d'y être poursuivis par la haine du peuple, résultat infaillible des victoires injustes.

HARFLEUR, au milieu des luttes sanglantes dont elle étoit souvent l'objet, et presque toujours le théâtre, n'eut guère de loisirs à donner aux arts de la paix, et sans son église paroissiale elle ne tiendroit peut-être aucune place dans l'histoire des monuments. Pendant qu'au quinzième siècle, Brunelleschi à Florence et Léon Alberti à Rimini, posoient les premières bases de l'architecture régénérée, il s'établissoit en France, en Angleterre, en Allemagne, un système particulier de décoration monumentale qui forme la dernière époque du genre appelé gothique. Cette innovation singulière consistoit à substituer aux colonnes et aux entablements un nombre infini de moulures et de nervures, souvent chargées d'ornements du fini le plus précieux. Le porche de l'église d'HARFLEUR que nous venons d'indiquer à la curiosité des voyageurs et des artistes, présente un exemple remarquable de la délicatesse de cette sculpture légère et de ces détails élégants qui ont remplacé quelque temps la masse imposante des colonnes, et la riche couronne des chapiteaux.

Parvenus sur les côtes de la Manche que nous allons visiter à la suite de l'histoire; errants de l'abbaye ruinée dont la mer a conquis les champs, à la chapelle du marinier ou à la hutte du pêcheur, nous ne trouverons plus comme dans les châteaux de l'intérieur des continents les traditions de la veillée sédentaire et conteuse qui place des fantômes dans les ruines pour les peupler. Le voyageur des déserts de l'océan a d'autres souvenirs et d'autres histoires. Il connoît les mœurs des peuples lointains, les accidents inopinés des navigations périlleuses, les phénomènes de la tempête, les angoisses et le désespoir du naufrage, l'aventure de la pauvre fille sauvage qui pleure auprès des tombeaux de sa tribu, ou en cherchant d'un triste regard l'endroit où elle a vu s'effacer la pirogue de son amant. Il peut raconter avec attendrissement à ceux qui l'écoutent l'infortune du matelot abandonné après d'inutiles recherches dans une île oubliée sur la carte du pilote, et les regrets de la veuve, de la jeune veuve incertaine encore de son malheur, qui vient tous les matins sur le rivage lui demander quelque pavillon arrivé des extrémités de la terre, d'où il apporte un renseignement confus sur le sort d'une chaloupe égarée qui doit probablement se retrouver un jour, car l'amour ne manque jamais de raisons d'espérer; lui demander du moins quelques débris rejetés par les flots, et qui lui apprennent tout ce qu'elle doit croire. Souvent peut-être elle a effrayé les yeux de sa mère d'un de ces témoignages dont elle s'obstine à douter. Elle persiste, et pour me servir maintenant des expressions d'un des poëtes distingués de notre âge [1], qui a recueilli ce récit, et qui l'a embelli du charme accoutumé de son style:

> Les flots peuvent encore lui rendre
> L'objet de son long désespoir;

[1] M. Alex. Soumet.

HARFLEUR.

Et depuis l'aube jusqu'au soir,
Sur le rivage, pour l'attendre,
En pleurant elle va s'asseoir.
Son cœur gémit, sa voix l'appelle.
Mais on dit qu'un jour devant elle
Une ombre plaintive apparut.
Ce jour-là l'épouse fidèle
Cessa d'attendre... Elle mourut.

Ce récit nous a suivis dès-lors sur tout le littoral de l'océan. Les grandes infortunes de l'homme, celles qui résultent de la déception de ses plus chères espérances, de la ruine de ses plus tendres affections, composent le chapitre le plus monotone de son histoire.

Vue générale d'Hué.

Porche de l'Église d'Harfleur

Église d'Harfleur.

Le Havre. Graville.

L E HAVRE-DE-GRACE est une ville toute moderne qui échappe aux recherches du voyageur *dans l'ancienne France*, mais dont la France nouvelle s'enorgueillit. Située à l'embouchure de la Seine, sur un terrain formé des lentes accumulations du sable apporté par le fleuve, et qui s'est peu-à-peu élevé à la hauteur de ses rivages, elle s'enrichit tous les jours de nouveaux édifices qui seront, hélas! à leur tour des antiquités et des ruines, et qui fixeront les regards de la postérité curieuse, quand les ruines que nous décrivons seront effacées. Le HAVRE n'est aujourd'hui qu'une conquête remarquable de la terre sur l'Océan. Le même phénomène menace d'envahir le port d'Honfleur, et il est possible qu'un petit nombre d'années le voient disparoître comme Harfleur dans un littoral dont les hautes marées dissimulent à peine les progrès. Ainsi GRAVILLE[1], qui a compté en 1525 vingt-huit navires pêcheurs échoués dans ses fossés, est loin de craindre maintenant les accidents de la mer, qui fuit depuis long-temps ses riants paysages. La Méditerranée a quitté de la même

(1) GERARDI-VILLA.

manière presque sous nos yeux les murs de Fréjus et de Narbonne, qu'elle baignoit il y a moins d'un siècle, et cet agrandissement sensible du continent, qui explique l'ancienne position de Tyr dont les premiers cosmographes faisoient une île, expliquera un jour la réunion inévitable de Venise à la terre ferme.

A moitié chemin du HAVRE en retournant vers Harfleur, on aperçoit sur la gauche de la grande route un coteau couvert de la plus belle végétation où perce la pointe d'un clocher élevé sur quelques débris, dont l'aspect rappelle à l'imagination quelque chose de ces ermitages de la montagne que nos vieux romanciers aimoient tant à décrire; c'est GRAVILLE. Pour rendre l'illusion plus complète, un ravin chargé des débris des orages si fréquents près des côtes de l'Océan court en forme de sentier jusqu'au pied de l'escalier superbe que domine le portail de la vieille église. Ici l'aspect change tout-à-coup, et devient aussi imposant, aussi majestueux, qu'il étoit mystérieux et doux. Les terrasses sur lesquelles repose ce beau temple chrétien, les carrières profondes qui l'environnent, et desquelles ont été extraits jadis les matériaux qui ont servi à sa construction; de vastes ruines, des sculptures remarquables dans quelques parties de l'édifice, annoncent un monument important du moyen âge.

Le style de l'architecture est lombard. Des colonnes enclavées dans de vastes piliers et séparées par de belles archivoltes soutiennent toute la partie primitive de l'église. On distingue quelques constructions du treizième et du quatorzième siècle dans la nef et vers la porte qui regarde l'Occident. Une chapelle basse éclairée par une petite croisée en ogive du côté du Nord renferme un fragment de bas-relief antique, qui orne une espèce d'autel où le peuple vient chercher quelque soulagement, ou quelque espérance, pour une infirmité commune dans le pays des tempêtes, la surdité précoce des mariniers dont l'oreille a été long-temps tourmentée du bruit des flots, ou de celui du canon. Ce bas-relief conservé par une heureuse méprise, erreur sans conséquence de la piété ignorante, n'avoit pas été destiné à nos mystères. Il est impossible d'y méconnoître le caractère du *Jupiter Tonnant*, dont la main droite appuyée sur la poitrine est encore armée d'un foudre qui ne menace plus les hommes. Ils ne voient désormais dans ce redoutable vengeur des insultes faites aux dieux qu'un protecteur inconnu. La pierre dure et bien conservée dans laquelle ce bas-relief est taillé nous a paru devoir être aussi étrangère à ces plages calcaires, par la matière, qu'aux âges intermédiaires de la sculpture par le style et le travail. La disposition de la chapelle et la tradition du pays font croire que c'est là qu'étoit déposé autrefois le corps de sainte Honorine, quand les malheureux habitants de Graville, évitant l'invasion et les excès des Normands, emportèrent avec eux les restes de leur patrone céleste, pénates pieux du chrétien. Il y a plus de neuf siécles que ce tombeau ne renferme plus le trésor que la mort lui avoit confié, et que la foi continue à se nourrir auprès de lui d'un souvenir religieux. Nous trouvâmes quelque chose d'étrange dans les destinées de cette vierge exilée de son cercueil qui cache maintenant sa poussière sous quelque pierre ignorée dont le secret appartient peut-être à un autre martyr, et de cette image d'un dieu fabuleux qui est descendue des autels du paganisme pour lui ravir les hommages de la piété héréditaire. Cette innocente créature qui n'a de titres que sa pureté, cette pauvre fille qui n'a gardé à Graville qu'un sépulchre vide, y triomphe du puissant maître des dieux depuis qu'il a usurpé par hasard les prières et les vœux qui lui étoient destinés, et la foule insensible au nom de Jupiter tombe à genoux à celui de sainte Honorine.

Au reste, un fragment grec n'est pas sans harmonie à Graville dans l'ensemble du site et des souvenirs. Des antiquaires placent sur ces parages un ancien temple de Mercure, et si leur hypothèse ne paroît pas très fondée, il est permis de croire que le hasard a pu jeter autrefois sur cette côte orageuse quelques Grecs aventureux, inspirés de la poésie et des arts de leur patrie, qui saisirent avec enthousiasme l'occasion de retracer sur une rive étrangère les tableaux enchantés de l'Ionie et de l'Attique. Ces promontoires pittoresques, ces rochers à pic enveloppés de verdure et couronnés de fleurs, cette basilique à demi cachée dans des bocages, tout rappelle aux yeux et à l'esprit la situation élégante et magique du temple de Sunium.

Le plan de l'église est une croix latine. Tous les chapiteaux sont couverts de sujets allégoriques, les uns qui semblent se rattacher à l'histoire des saints protecteurs, les autres qui peuvent se rapporter aux excursions long-temps mémorables des peuples scandinaves. La partie la plus importante des constructions sous le rapport de l'art est l'extrémité extérieure de la branche transversale de la croix latine qui regarde le Nord, ou le pignon de l'aile septentrionale. L'architecte y a formé d'une manière un peu bizarre, mais dont l'effet est extrêmement piquant, trois belles fenêtres ogives, en croisant deux archivoltes en plein cintre, et il a décoré toute cette partie de l'édifice de pierres dont l'ordonnance présente un dessin réticulaire qui se retrouve dans un grand nombre de monuments mérovingiens. Une frise qui parcourt toute la façade est enrichie de différentes compositions curieuses, parmi lesquelles on remarque une salutation angélique; sujet véritablement *plein de grace*, et qui s'approprie merveilleusement au goût naïf de la sculpture intermédiaire.

Il y a peu de ruines de la vieille patrie que nous n'ayons mesurées, dessinées, examinées avec un soin attentif. Il n'y en a presque point que nous puissions recommander avec plus d'intérêt que celles-ci à l'historien des arts du moyen âge. Mais comment l'artiste n'auroit-il pas été animé des pensées les plus gracieuses et les plus nobles au milieu de cette nature noble et gracieuse qui réunit à toute la majesté des vues maritimes, à toute l'immensité des grands horizons, le charme des paysages bornés! Quels objets d'émotion, de surprise, de ravissement n'a-t-elle pas rassemblés avec une étonnante profusion autour de cette magnifique plate-forme d'où l'œil découvre d'un côté de vastes forêts coupées par le cours de la Seine, et la ligne blanche et sinueuse des routes publiques; à la droite de l'observateur, la mer et les voiles qui la sillonnent; par-tout, le fleuve qui se déroule dans l'éloignement comme une large ceinture, et dont le bord méridional se laisse plutôt deviner qu'apercevoir; tandis que près de vous c'est une autre merveille; c'est ce tableau célèbre qu'un grand peintre dédia jadis à Neptune en le suspendant à ses rivages : des massifs d'arbres pleins de mollesse et de fraîcheur, des îlots coupés dans toutes les directions selon les caprices du flux, des nappes de verdure, des buissons de fleurs, des sentiers ombragés, des retraites délicieuses où vous pouvez marquer du regard l'espace isolé si cher au recueillement dans lequel tout cet horizon va disparoître à votre gré pour ne vous laisser voir que le feuillage et le ciel, car on a besoin d'oublier un moment l'aspect le plus doux pour en mieux goûter le charme. Voilà ce que je ne décrirai point; et qui oseroit essayer de donner une idée de GRAVILLE à ceux qui ne l'ont point vu? Il y a dans les tableaux de la création un ordre de beautés faites pour l'ame, dont aucun intermédiaire ne sauroit faire passer le sentiment dans les autres, et qu'on entreprendroit inutilement de se représenter, quand on est obligé d'en chercher l'impression hors de son propre souvenir. L'analogie elle-même qui nous dirige avec un succès presque sûr dans nos jugements est un guide insuffisant dans nos sensations. On peut avoir embrassé du haut de la vaste terrasse de Saint-Germain l'espace d'un ciel infini et d'une contrée pittoresque, tantôt gracieuse, tantôt sévère, toujours variée, toujours charmante, et s'étonner d'une émotion nouvelle sur la petite terrasse de GRAVILLE.

Entrée du port du Havre

Vue Générale de l'Église de Gruville

Église de Granville, côté du Nord.

Ruines du Clocher de l'Église de Graville.

Croix du Cimetière de Graville.

Escalier du clocher de l'église de graville.

Intérieur de l'Église de Graville.

Grand escalier de l'Église de Granville

Détails. Fragment Église de Graville.

Montivilliers.

A l'extrémité N. O. du pays de Caux, non loin des ruines de l'ancien *Caracotinum*, dans un frais vallon que sa direction mettoit à l'abri des vents orageux de la mer, existoient au septième siècle quelques maisons éparses qui n'étoient désignées que par le nom général de *villares*, propre à toutes les habitations rustiques. C'étoit l'époque où s'élevoient dans les belles campagnes qui couvrent cette rive de la Seine, à la voix de saint Ouen, de saint Wandrille, de saint Philibert, ces monastères aujourd'hui déserts et abandonnés, autour desquels tous les germes de la civilisation commençoient à fleurir. Ébroïn avoit cessé de régner sous le nom des foibles descendants de Clovis. Waraton, son successeur, étoit l'ami des pieux solitaires de Normandie; car le pouvoir ne craignoit pas de déroger alors en allant chercher la vertu dans son exil volontaire, et en prêtant un utile auxiliaire à l'exécution des projets qu'elle ne cessoit de former pour le bonheur des hommes. Les monastères déjà fondés par saint Philibert, et qui étendoient sur les vastes plaines de Jumiéges, et sous les ombrages des riants coteaux de Pavilly, les colonies pacifiques de ce conquérant de la foi, ne suffisoient ni à son ardente ferveur ni aux besoins multipliés des fidèles. Près de se démettre de son autorité, il voulut signaler les derniers moments de sa longue administration par la fondation d'un nouvel asile ouvert contre les embûches du monde au sexe le plus sensible et le plus religieux. L'emplacement de cette solitude chrétienne devoit être plein de grace et de mélancolie comme les touchantes néophytes qui venoient y chercher des trésors de consolation ou d'espérance. C'est ainsi que prit naissance le monastère des hameaux (*monasterium villare*).

Le reste des chroniques de Montivilliers offre peu d'intérêt à l'imagination. Il y a quelque charme dans l'histoire naïve de ce refuge des vertus chrétiennes qui sort miraculeusement d'une terre presque sauvage, au gré d'un prêtre chargé de jours, et qui, lentement agrandi par la piété des peuples et la libéralité des rois, parvient de siècle en siècle au rang des plus beaux monuments de la chrétienté; mais sa grandiose antiquité ne rappelle point d'autres souvenirs. Le monastère des hameaux n'a jamais retenti que du nom des saints et des prières de l'église. Ses annales sont aussi simples que son origine.

Montivilliers même, isolé par sa position, et placé au milieu des campagnes les plus remarquables par leur mouvement pittoresque, comme derrière des remparts de verdure, est du petit nombre des villes qui n'ont pas tout-à-fait perdu le caractère du moyen âge. Sa porte d'entrée est encore flanquée de deux tours, et on rencontre à chaque pas quelques pans délabrés des grands murs de son enceinte. La maison de Dieu a survécu presque sans altération à toutes ces ruines, et l'œil qui les embrasse est frappé de la belle conservation de sa pyramide qui s'élève comme triomphante au-dessus d'elles. A l'exception d'une galerie méridionale construite dans le goût gothique du quatorzième siècle, et de quelques parties de la façade qui datent d'une époque encore plus rapprochée de la renaissance, l'édifice appartient à cette admirable architecture des âges intermédiaires que les anciens n'ont pas pu connoître, que les modernes n'ont pas toujours su apprécier, et qui, plus jalouse de

MONTIVILLIERS.

léguer aux siècles des monuments durables que d'inutiles renommées, enrichit à peine la biographie des artistes du souvenir assez obscur de Rumaldus qui vivoit en 840, et de Tietland qui dut fleurir au dixième siècle. Différents peuples ont désigné cet ordre romantique suivant leurs traditions nationales, sous le nom de *saxon*, de *gothique* ou de *lombard*; et des savants dont l'opinion est une autorité lui ont donné celui de *roman* que nous avons adopté d'après eux, parcequ'il est plus général et qu'il se recommande d'ailleurs par des analogies sensibles, qualité indispensable dans les mots nouveaux. Si cependant une contrée pouvoit revendiquer le privilége de lui attacher un nom spécial, comme le faisoient jadis à leurs ordres d'architecture l'élégante Corinthe, l'Ionie et la Toscane, c'est à la Normandie que ce droit seroit nécessairement acquis, et nous nous croyons autorisés à dire, après de longues recherches, qu'aucun royaume européen n'oseroit le lui disputer. Heureuse France, dont la gloire historique ne craint point de gloire rivale, et qui peut opposer sous le rapport des arts une seule de ses provinces aux plus puissants empires du monde!

Porte de Montivilliers.

Intérieur de l'Église de Montivilliers
coté de la grande Entrée

Intérieur de l'Église de Montivilliers.

Abside de l'Abbaye de Montivilliers

Détails Abbaye de Montivilliers

Détails Abbaye de Montivilliers.

Détails Abbaye de Montivilliers.

Fécamp.

Pendant que l'abbaye naissante de Jumiéges voyoit s'élever autour d'elle les pieuses colonies de Montivilliers et de Pavilly, saint Wandrille, premier abbé de Fontenelle, que le zèle de la maison du Seigneur ne dévoroit pas moins que saint Philibert, étendoit comme lui ses soins et son activité bien au-delà des murs de l'enceinte à laquelle son nom est resté attaché. Près de la mer, dans le vallon alors solitaire et boisé où se sont élevés successivement depuis les deux monastères de Fécamp, demeuroit alors l'ami et le protecteur de saint Wandrille, Waninge, du pays de Caux, contrée charmante qui étoit particulièrement affectionnée de Clotaire III, à cause de la beauté de ses ombrages et de la richesse de ses chasses. Les chroniques rapportent que Waninge, sauvé d'une maladie cruelle par l'intercession de sainte Eulalie, avoit reconnu ce bienfait en s'engageant à faire construire un monastère sur ces poétiques rivages, si favorables au recueillement des solitudes chrétiennes. Ce fut vers l'année 658 que le roi Clotaire, saint Ouen et saint Wandrille se réunirent en ce lieu pour la consécration du nouveau couvent. Une autre sainte appelée de Bordeaux fut chargée de veiller à la direction du troupeau de vierges qui se rassembla dans ses murailles. Protégé devant le ciel par son exactitude à tenir la foi promise, et par les prières de tant d'innocentes créatures auxquelles il avoit donné un refuge contre les séductions du monde, Waninge vit se dissiper la mélancolie profonde qui menaçoit ses jours, et leur cours se prolongea encore pendant vingt ans sur la terre.

Les souvenirs de la fondation des temples sont par-tout riches en miracles. C'est à Fécamp que saint Léger fut exilé par le féroce Ébroïn, après avoir eu la langue coupée, et qu'il recouvra tout-à-coup l'usage de la parole, aux doux concerts de ces anges terrestres qui chantoient devant le sanctuaire. Depuis, leur monastère subsista long-temps dans cette paix obscure, qui est, après le martyre, le plus doux objet de l'ambition du chrétien; et il n'offre plus aucun fait ni aucun nom à l'histoire, jusqu'au moment où l'arrivée des hommes du Nord, farouches conquérants de la terre de la patrie, assura aux vierges de Fécamp la conquête du ciel. A la première nouvelle des ravages des barbares, au premier soupçon des dangers auxquels leur jeunesse et leur beauté devoient les exposer, elles se mutilèrent le visage d'une manière si horrible qu'il ne leur restoit plus rien à redouter de la brutalité du vainqueur que la perte de la vie. Ce dévouement, que Montaigne trouve supérieur aux forces de la nature dans l'histoire de Spurina, fut l'acte spontané de trois cents jeunes filles. Ainsi défigurées et sanglantes, elles se livrèrent au glaive des soldats, et leurs ames, exhalées d'un corps sans tache sur les ruines du temple, allèrent se rejoindre aux esprits célestes qui applaudirent à leur sacrifice. Ils ne connoissent pas l'envie.

Guillaume de la longue épée, second duc de Normandie, bâtit ou releva le château de Fécamp, où naquit Richard Ier. Alors menacé d'une guerre dangereuse, il avoit probablement choisi ce lieu pour les couches de la duchesse, afin de pouvoir, en cas de besoin, dérober la mère et l'enfant aux factieux, en transportant sa famille sur les côtes d'Angleterre. C'est de Fécamp qu'un de ses chevaliers, nommé Fulcard, vint lui apporter sous les murs de Rouen la nouvelle qu'un fils lui étoit né, et cette nouvelle concouroit avec une grande victoire. Cependant, s'il faut en croire les récits de ces temps presque sauvages, les joies du père l'emportèrent sur celles du héros.

Richard, qui avoit reçu le jour à Fécamp, et qui y avoit été purifié par les eaux du baptême, ne cessa pas de chérir sa ville natale, où dut le ramener souvent le doux souvenir de son enfance et de sa mère. Une fois, dit la chronique, qu'il regardoit d'une des fenêtres de son palais le vaste horizon de la campagne et de l'océan, il se sentit profondément touché du contraste de sa demeure magnifique avec la simplicité du temple élevé au roi des rois. Pénétré de cette pensée, il envoie chercher au loin les ouvriers les plus habiles, ordonne qu'on arrache des matériaux immenses aux flancs de la terre, fait démolir et relever sur de plus nobles proportions l'édifice religieux que son père avoit placé sous l'invocation de la sainte Trinité. Des vases d'or et d'argent, des ornements enrichis de pierres précieuses, des étoffes de lin, et de laine, et de soie, rehaussent bientôt l'éclat de la nouvelle basilique. L'intérieur s'enrichit de statues et de peintures; les cantiques assidus des chanoines prolongent dans une durée non interrompue les louanges du Seigneur, et y joignent suivant l'usage celles du bienfaiteur de l'église; plus dignes encore de leur sainte mission, si les livres liturgiques de ce temps ne prouvoient pas qu'ils y mêlèrent quelquefois des malédictions contre ses ennemis. Il faut cependant pardonner quelques préventions aux solitaires, qui ne jugent des hommes que par leurs actions, et qui ne peuvent pas les étudier dans le désordre de leurs passions et dans les infirmités de leur esprit.

La nouvelle église fut dédiée en 990. Le fondateur atteint d'une maladie mortelle envia la triste joie de rendre son corps au sol qui avoit porté son berceau. Il voulut mourir dans les murs qui l'avoient vu naître, et reposer dans l'église qu'il avoit fondée; mais, préoccupé du sentiment de cette humilité chrétienne qui soumettoit alors la balance de la société à un équilibre que toutes les théories de la sagesse purement humaine ne rétabliront peut-être jamais, il exigea qu'on déposât ses restes sous la pierre qu'inondent les eaux du toit sacré, et que foule chaque jour le pied du peuple qui se rend aux saints offices, de crainte, dit-il, que le corps d'un si grand pécheur ne souillât la maison du Très-haut. Les superbes abnégations de la philosophie excitent toute mon admiration, mais voici une abnégation du christianisme que la philosophie ne désavoueroit pas, sans doute. Amant éperdu de l'égalité autant qu'elle peut s'établir entre les hommes, je suis tombé à genoux sur cette pierre sous laquelle a reposé le petit-fils de Rollon et l'aïeul de Guillaume, et j'ai rendu grace au Dieu de l'évangile par qui ces souverains des temps reculés ont appris qu'ils n'étoient que de simples hommes.

Fécamp étoit pour les ducs de Normandie ce que les pyramides étoient pour les anciens souverains de l'Égypte, une ville de tombeaux. Richard II y reposoit à côté de Richard Ier, auprès de son frère Robert, de sa femme Judith, et de son fils Guillaume. Les mêmes voûtes ont protégé depuis le cercueil de Marguerite, belle-fille du conquérant, et celui d'Alain III, comte de Bretagne. Des hommes selon Dieu, qui auroient préféré à toutes les gloires humaines les austérités d'un triste ermitage, s'étoient soumis à diriger le gouvernement temporel de l'abbaye, et l'éclat de leurs vertus l'avoit entourée d'une telle illustration, que le roi Robert ne crut pas reconnoître trop dignement leurs services, en attachant à l'institution qu'ils venoient d'affermir pour la postérité le sceau d'un triple pontificat. Trois mitres décorèrent l'écusson de l'église des trois cents martyrs.

Il n'existe malheureusement plus rien de l'église mérovingienne de Fécamp. C'est en 1692 qu'on acheva de détruire ce qui en avoit subsisté jusqu'alors sous le privilége d'un nom touchant, *la Chapelle des Vierges*. Mais au fond du chœur on voit toujours vers le Nord quelques chapelles latérales qui ont dû appartenir à l'édifice élevé par Richard Ier avant la fin du dixième siècle, et qui seroient par conséquent un des plus anciens fragments authentiques de l'architecture du moyen âge dans l'ancienne province de Normandie. L'église actuelle, à l'édification de laquelle ont concouru les arts de cinq ou six siècles, depuis le onzième au seizième, a 376 pieds de long sur 70 de hauteur. Les jours sont si habilement distribués dans ce monument magnifique, un des plus beaux que la re-

FÉCAMP.

ligion nous ait laissés, et qu'on ait laissés à la religion, que, lorsque du fond de la nef on arrive pour voir célébrer les saints mystères, l'autel paroît inondé de lumière, sans qu'on aperçoive les croisées qui la répandent. La révolution qui, même dans ses excès, s'arrêta quelquefois devant le sublime, a respecté l'église de l'abbaye aux trois mitres.

Des deux autres églises de FÉCAMP, il y en a une qui mérite l'attention par l'élégance de son portail, et dans laquelle se fait sentir le style de la renaissance et l'esprit de l'Italie.

Le voyageur ne s'arrêtera pas sur le port de FÉCAMP sans se rappeler, à la vue d'une falaise très escarpée qui le domine, l'exploit célèbre de l'entreprenant Bois-Rozé qui s'empara du fort en s'élevant avec une échelle de corde au sommet de ce rocher de six cents pieds, et qui, ralenti un moment par la fatigue invincible du premier de ses hommes d'armes, passa sur le corps de tous les autres pour aller stimuler sa résolution et son courage. Le rocher de Bois-Rozé est aussi un monument.

Pl. 64.

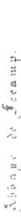

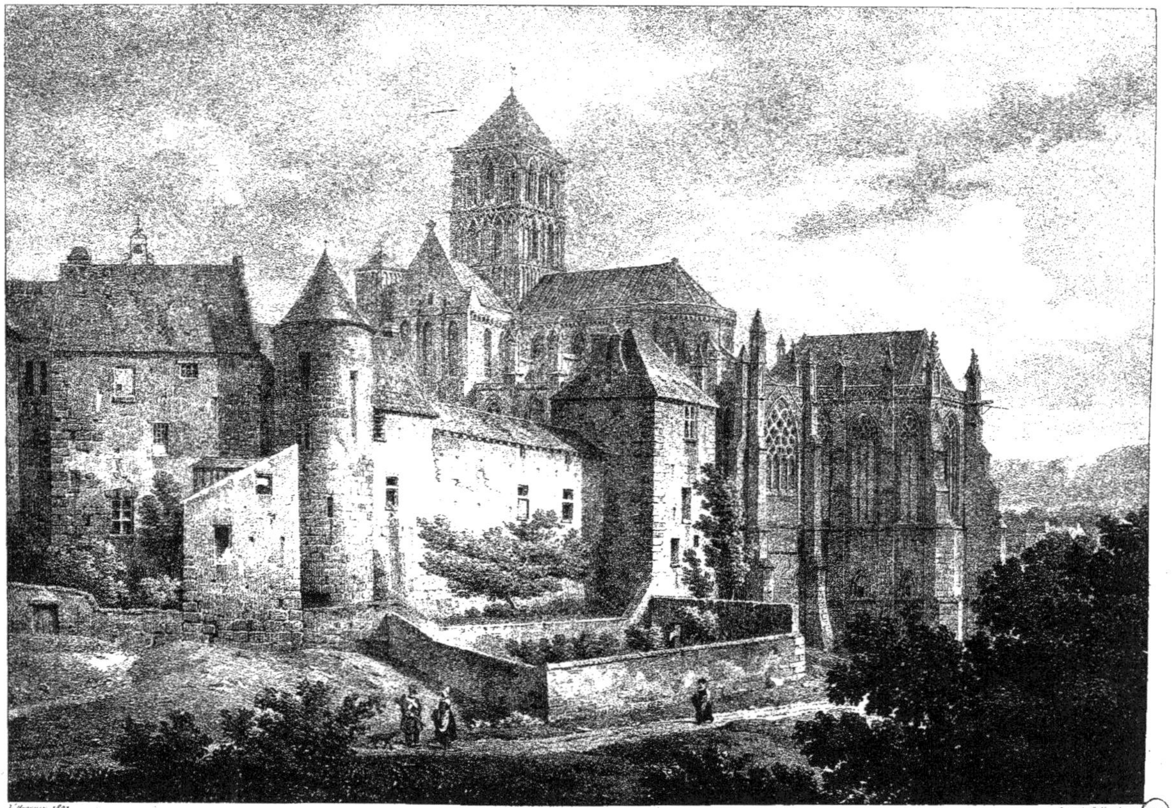

Lith. de G. Engelmann

Abbaye de Fécamp.

Abbaye de Fécamp.
coté de l'Orient.

Chœur de la grande Église de l'Abbaye de Fécamp.

Abbaye de Fécamp, intérieur de la grande Église.

Église de Fécamp

Détails de la grande Église de l'Abbaye de Fécamp.

Détails de la grande Église de l'Abbaye de Fécamp.

Dieppe.

Il y a dix siècles que l'emplacement actuel de Dieppe n'étoit occupé que par quelques huttes de pêcheurs. En 1080, ce hameau commençoit à devenir une ville, et s'agrandissoit sous les auspices du nom de Berthe[1], la sœur ou la fille de Charlemagne. En 1360, encouragée par une prospérité qui n'avoit pas cessé de s'accroître, Dieppe osa tracer autour de ses modestes habitations une ceinture de murailles; et, comme toutes les puissances qui s'affermissent, elle crut pouvoir oublier sans inconvénient d'être juste. Ses anticipations sur les domaines de Robert d'Estouteville, sire du Hotot, éveillèrent une guerre sérieuse qui n'auroit été qu'un jeu pour les fiers descendants des fondateurs de Dieppe; mais cette ville qui devoit remplir toutes les mers du bruit de sa renommée, et braver la colère des monarques les plus puissants, vit son berceau troublé par les armes d'un simple chevalier. Le châtelain avoit répandu ses vassaux autour de la petite cité, et tous les habitants qui tomboient dans ses

---

(1) *Bertheville.*

embuscades alloient servir d'otages dans ses tours à la propriété violée. Il est d'ailleurs de l'instinct de la force qui se conserve par elle-même de combattre l'esprit de civilisation devant lequel s'évanouissent la plupart de ses avantages. Presque toutes les traditions historiques des peuples remontent plus ou moins à la caverne du Cyclope.

Henri II, roi d'Angleterre, avoit essayé de profiter de quelques unes des positions avantageuses qui dominent le cours pittoresque de la Béthune, en y élevant un château-fort que son fils Richard Ier sacrifia quelques années après à des convenances de politique. Le château du quinzième siècle est sorti de ces ruines; monument d'un plan original, d'un style bizarre, qui offre dans les élévations de ses tours, dans les profils de ses murailles, dans l'austérité imposante de son entrée, dans sa vue étendue et solennelle sur la mer, une variété singulière de scènes sévères et romantiques, et qui fait revivre dans la pensée je ne sais quel mélange de souvenirs d'esclavage et de souvenirs de gloire. Semblable à tant d'autres monuments érigés au nom des nations, à tant d'autres institutions faites pour les hommes, il a servi indistinctement à les défendre et à les opprimer.

Dès-lors DIEPPE étoit une ville. Déja fière de l'avantage que ses navigations lui avoient donné sur le reste du monde, et que l'impartial et judicieux de Thou reconnoît quelque part[1], elle arbora dans ses armes la *Barge* ou le Navire. Ce noble insigne appartenoit d'avance à la patrie de Duquesne.

DIEPPE, également fidéle et brave, n'a cédé qu'à des armes dont les succès n'ont rien d'outrageant pour sa gloire. Elle fut prise d'assaut par le dauphin, fils de Charles VII, le 14 août 1443, et délivrée du joug de l'étranger qui avoit plutôt surpris nos provinces abandonnées qu'il ne les avoit conquises. En 1590, ses clefs furent remises par le commandant pour la ligue entre les mains d'Henri IV dont le peuple garde par-tout la mémoire, mais dont la mémoire est vivante à DIEPPE. Les plaines

---

(1) *Penes quos praecipua rei nauticæ gloria semper fuit.*

d'Arques sont si près pour attester sa valeur! Les traditions de la reconnoissance et de l'enthousiasme sont si multipliées pour attester ses bienfaits! Elles sont si vives, si présentes, si actuelles! Les matelots du port de l'Est ou *Pollet* ont conservé le privilége de se revêtir encore du costume de ses hommes d'armes dans certaines cérémonies publiques. Un voyageur emporté par un rapide esquif, de la tour de Londres à Dieppe dont il n'est séparé que par un sommeil, et qui, après avoir laissé aux rives de la Tamise les concierges gothiques de ce monument redoutable dans l'uniforme des gardes d'Élisabeth, se réveilleroit au milieu des archers du bon roi sur les côtes de France, pourroit penser que l'éternité a rétrogradé pour lui de deux cent cinquante ans. Il demanderoit aux dunes de Douvres les derniers chants de Shakspeare et aux écueils du Calvados les premiers sons de la lyre de Malherbe.

Cette bourgade, devenue une ville puissante, ne disputoit plus quelques maigres arpents de terre à de foibles voisins. L'Océan lui paroissoit à peine assez vaste pour elle, et l'histoire témoigne qu'elle y cédoit difficilement son empire. Ses marins défont les Hollandois ou les Flamands en 1555, et sans rien perdre de leurs forces, on peut le croire, puisqu'ils entreprennent moins de trois ans après l'expédition du Canada, suivie au bout de trois ans de l'expédition de la Floride. Et pendant que l'étendard de la *Barge* flotte sur les solitudes poétiques de l'Amérique septentrionale, de téméraires navigateurs vont défier les écueils redoutables et les tribus inhospitalières de l'Afrique. En 1637, Thomas Lambert ose fonder le premier une habitation françoise sur les rives du Sénégal, et le premier il y plante la croix, point de ralliement assuré de toutes les sociétés modernes. Conquérants d'une mer et rois d'une colonie, les hommes naïfs de ce temps-là s'enorgueillissoient de la seule idée d'avoir étendu les domaines de la foi. Ils ne confioient pas leur gloire à des monuments passagers. Ils la déposoient pour un autre temps dans le cœur du néophyte prosterné sous l'eau sainte du baptême. La navigation des anciens ne portoit pas de dieux avec elle. Nos dissensions religieuses mêmes ont servi à propager nos croyances, et par-tout où un matelot françois a jeté l'ancre de son vaisseau et arboré le pavillon de son pays, il est resté une société chrétienne.

L'église Saint-Jacques est le plus beau monument religieux de Dieppe. Une grande partie de cet édifice a été reconstruite vers le commencement du quatorzième siècle, et toute la façade du portail, malgré de nombreuses dégradations, conserve encore de l'élégance. L'intérieur est mystérieux et sévère. La chapelle du Saint-Sépulcre, à la droite de l'entrée, est d'un effet admirable. Sous de sombres voûtes gothiques repose, sur une pierre tumulaire, l'image sacrée du Rédempteur. Quelques cierges dus à la piété des fidèles éclairent incessamment cette auguste fiction du seul tombeau qui, suivant l'expression du plus éloquent des écrivains, n'aura rien à rendre à la fin des temps. Lorsque nous visitâmes le Saint-Sépulcre de Dieppe, des matelots que nous venions de voir en adoration au pied de cette croix gigantesque de la jetée, qui leur annonce de loin la patrie, se prosternoient de nouveau devant l'autel du sacrifice, et rendoient graces au Dieu-Sauveur qu'ils avoient imploré dans les périls de la mer, de les avoir ramenés au port. Ils se levèrent après la fervente oraison, saluèrent avec respect le temple qui venoit de recevoir leurs actions de graces et d'espérance, et nous laissèrent remplis d'une admiration qui n'étoit plus pour nous de l'étonnement. Nous aussi, nous avions partagé les angoisses du matelot au milieu de la tempête, et nous avions associé à ses prières des prières moins dignes que les siennes de la pitié du Tout-Puissant : ces hommes livrés aux orages de l'Océan avoient échoué moins souvent que nous sur les écueils du monde.

Une hospitalière leur succéda dans la chapelle : digne fille qui profitoit sans doute d'un moment de sommeil de quelques malheureux confiés à son zèle, pour solliciter en leur faveur le père de toutes les graces; car elle pensoit que des secours purement humains ne suffisoient pas à ses pauvres malades. Peut-être même elle prioit pour elle, et cherchoit à se justifier de l'oubli de quelque devoir journalier, en apportant aux pieds de son juge les veilles et les soins pénibles de la charité.

DIEPPE.   117

Les chapelles qui entourent le chœur ont été enrichies, à l'époque de la Renaissance, de détails curieux et variés qui les font aisément remarquer. Dans l'une d'elles, une mère faisoit bénir son enfant.

Et près de là, sur les parvis extérieurs de ce sanctuaire de joie, une autre mère pleuroit, et venoit chercher dans l'effusion de ses larmes des adoucissements à son inexprimable douleur.

Château de Dieppe, coté de l'Ouest.

Église St Jacques à Dieppe

Vue des Chapelles de l'Église de St Jacques à Dieppe.

Chapelle du St Sépulcre.
Église de St Jacques.

Le château d'Arques.

Au sud-est de Dieppe s'élève une côte aride, calcaire, d'un blanc crayeux, surmontée des ruines d'un château très ancien qui domine un village maintenant obscur, autrefois la capitale d'un vaste et riche comté, et une des plus illustres cités de la Normandie. Les débris de ce château fameux dans le moyen âge ont un caractère d'antiquité solennelle qui impose le respect. Leurs murailles de pierres blanches que marbrent les veines ondées d'un silex noir et brillant comme la lave polie, et où étincellent des millions de cristaux de quartz rose, étoient liées par un ciment si indestructible qu'on voit en plusieurs endroits des pans entiers des vieilles parois tombés contre des pans encore perpendiculaires, sans que la pesanteur de la chute et la force de la percussion aient désuni les innombrables parties de leur construction, comme assimilées par le temps. Il est difficile de décider positivement à quel âge remonte la fondation de cette forteresse, où la chronique de Flodoard place dès 944 l'établissement d'un poste militaire. La plupart des historiens fixent l'époque de son édification ou de son agrandissement au temps du séjour passager de Guillaume fils de Richard II, qui avoit reçu en apanage le comté où elle est située de son neveu Guillaume-le-Conquérant : faveur inutile pour ce prince dépossédé qui osa réclamer les droits du sang quand, plus sage et plus heureux, il pouvoit jouir des dons de la force. Excité par l'ambition de son frère Mauger à revendiquer une souveraineté dont la légitimité de sa naissance, exempte de l'opprobre de celle du fils d'Arlette, sembloit lui assurer l'héritage, il se révolta contre un guerrier qui devoit légitimer toutes ses usurpations aux yeux de l'histoire par le bonheur de ses armes, et il ne recueillit pour tout fruit de ses prétentions que l'apanage ordinaire des vaincus, la proscription et l'exil.

Du haut de ce château, vieux manoir des Gosselin, et qui passa, par le mariage de Mathilde, leur dernière héritière, dans l'illustre maison de Guillaume de Tancarville, premier du nom, se distingue au loin l'embouchure de la rivière de Dieppe, où le Conquérant s'embarqua en 1067 pour retourner en Angleterre, et qui a vu depuis s'élever sur ses bords une de nos principales villes maritimes. Les plaines qui l'entourent furent jadis livrées aux ravages de Baudouin, comte de Flandre, quand, irrité de voir son frère Guillaume Cliton frustré de ses espérances sur la Normandie, il vint y chercher la vengeance et la mort. C'est dans les souterrains creusés sous ses voûtes immenses que gémit long-temps Osmond de Chaumond, fait prisonnier par le roi Henri Ier à la bataille de Noyon-sur-Andelle. Philippe-Auguste entra en vainqueur dans ses remparts pendant la captivité de Richard Cœur-de-lion, et l'année ne s'étoit pas écoulée que celui-ci venoit y mettre le siége. La paix de 1196 lui rendit cette importante citadelle. Philippe l'assiégeoit à son tour en 1202 quand la nouvelle de la défaite et de la prise du malheureux Arthur le rappela en Touraine. Rendue à ce roi belliqueux après toutes les autres forteresses de Normandie, la destinée de la guerre la fait tomber de nouveau en 1419 entre les mains des Anglois commandés par Warwick et par Talbot, et on ne la voit rentrer au pouvoir de la France qu'en 1449, à la suite de la capitulation de Rouen. Tous ces noms, tous ces souvenirs planent sur les ruines depuis long-temps abandonnées, et les peuplent

LE CHATEAU D'ARQUES.

de fantômes imposants. Les bruits de la nuit rappellent tour-à-tour à la pensée le retentissement sourd de l'armure de Philippe, ou la grave harmonie de la harpe de Richard; la rumeur vague qui s'élève de ces cachots, enfin découverts aux yeux de l'homme, et dont le vent parcourt librement les noires profondeurs, semble répéter jusqu'aux soupirs des captifs. On croiroit que la nature elle-même a marqué d'un sceau particulier les vastes campagnes qui s'étendent au pied de ces murailles, pour en faire un théâtre de terreur et de gloire. Ces gorges profondément creusées comme pour des engagements, ces collines riches en positions militaires, ces taillis propres aux embuscades, ces vallées destinées aux batailles, bornées de marais insidieux, et placées au confluent de trois rivières, la Varenne, la Béthune et l'*Helna* ou *Eldona;* tout fait rêver au voyageur les rives du Granique ou les plaines de Pharsale. Et quand le mugissement de la mer qui encadre ce grand paysage au nord-ouest parvient jusqu'à lui; quand des vagues blanches courent sur la surface unie de l'Océan comme des escadrons éblouissants qui se heurtent, se brisent, se confondent, et que son murmure roule, gronde ou éclate comme le choc des boucliers et le sifflement des épées, on conçoit je ne sais quelle pensée indécise du tumulte et des hasards d'une bataille historique. Cette vallée est la vallée d'Arques.

Mayenne s'étoit promis de réduire Henri IV au désespoir et à la fuite. Il s'étoit posté avec trente mille hommes dans les environs de Dieppe. Le Béarnois vole à sa rencontre, suivi d'une armée dévouée, mais composée seulement de douze cents hommes de pied, et de deux mille cavaliers, aux trois quarts démontés. Il poste cette petite troupe, le 21 septembre 1589, au village d'Arques, à une lieue et demie de Dieppe; il y établit son camp sous la protection des batteries du château, couvre de retranchements rapidement élevés l'important faubourg du port de l'Est ou Pollet, hérisse ses avenues de palissades, barricade ses rues, et y jette la division de son brave Châtillon. Arques reste sous le commandement de Biron. Henri IV est par-tout. Au Pollet sa présence fait des soldats. A l'hôpital ou *maladerie* de Saint-Étienne, il arrête les troupes formidables de Mayenne dans leur position de Martin-Église. Un corps qui s'en détache pour enfoncer la foible armée, ou, pour mieux dire, la brillante escorte du roi, est chargé avec tant de succès par le grand-prieur et par Danville que la plupart des assaillants restent sur la place. Un d'entre eux fait prisonnier s'étonne, en arrivant parmi les légions fidèles, du petit nombre des vainqueurs. *C'est*, dit Henri IV, *que vous ne comptez pas tous mes alliés, savoir* Dieu et mon bon droit *qui m'assistent*. Le jeudi 23 septembre, il pressent une nouvelle tentative de l'ennemi, et dispose tout pour le recevoir, rallie tous les chefs, réunit toutes les compagnies, excite tous les courages. *Mon ami et mon compère*, dit-il à Galati, colonel du régiment suisse de Glaris, *c'est à ce jour que je vais mourir, ou gagner de l'honneur avec vous*. Il déploie ensuite au-dessous de sa position les chevau-légers de d'Harambure, de Fournier et de Lorges, plus bas les compagnies d'ordonnance de La Force, de Bacqueville et de Larchant, et dans l'endroit où le coteau aboutit à la plaine, celles de Condé et de Conti, parceque c'étoit là suivant toute apparence que devoit commencer la mêlée. Sur le haut de la tranchée, il laisse Biron qui lui avoit amené ses troupes, Châtillon qui étoit sorti du Pollet avec cinq cents arquebusiers volontaires, et les lances de Malligny. Sagonne, mestre-de-camp de la cavalerie légère de Mayenne, se précipite en vain avec une bravoure digne d'une meilleure cause sur la cavalerie légère du grand-prieur. Celui-ci le repousse jusqu'au fond de la réserve des ligueurs déja prête à le rejoindre, et le renverse mort d'un coup de pistolet au milieu de ses soldats en désordre. Les terres profondément abreuvées par les marées, mais couvertes de cette végétation trompeuse des plaines maritimes qui semble annoncer un sol égal et solide, enchaînent dans leur vase mobile le pied mal assuré des chevaux de l'ennemi; et Mayenne accablé voit du haut de ses retranchements la meilleure partie de son armée impuissante et captive entre quelques groupes victorieux auxquels elle ne peut plus opposer qu'une espèce de courage, celui qui enseigne à mourir.

Cependant le succès de la journée pouvoit être encore incertain, quand

LE CHATEAU D'ARQUES.

un de ces brouillards qui flottent long-temps suspendus sur les plages de la mer dans les humides matinées de l'automne, se dissipa tout-à-coup aux rayons du soleil, et souleva devant l'artillerie du château le rideau qui lui cachoit les deux partis. Favorisé par le feu de ses batteries, Henri IV s'élança dans la vallée, tomba sur les lansquenets infidèles à ses armes (cette troupe n'étoit pas composée de François), et resta maître d'un champ de bataille couvert de plus de six cents guerriers d'élite de l'armée de la ligue. On sait qu'il ne manqua rien au bonheur d'Henri IV dans cette rencontre que la présence d'un ami de plus. *Pends-toi, brave Crillon*, dit-il, *nous avons vaincu à* ARQUES, *et tu n'y étois pas!*

C'est une singulière destinée que celle du château d'ARQUES, deux fois soumis à des rois poëtes, dont l'un est venu lui confier les traditions des Bardes, et l'autre les romances des Troubadours. On peut douter pourtant qu'Henri IV cût reçu déja les premières révélations de sa muse. Il n'aimoit pas encore Gabrielle.

La petite ville d'ARQUES est fort remarquable par l'originalité de sa construction. Ce ne sont pas les manoirs ou maisons gothiques du reste de la Normandie, leurs charpentes légères, leurs murailles de chaux, leurs enduits de plâtre, leurs sculptures de bois; c'est plutôt un bourg flamand du moyen âge. Des habitations en briques, de hauts pignons étagés, le plus souvent sans moulures et sans ornements, nous ont rappelé un moment quelques rues d'Anvers ou de Bréda. Cette contrée rappelle d'ailleurs assez naturellement les pays d'alluvions. Les mémoires du temps prouvent que la vallée étoit impraticable sur plusieurs points à l'époque de la guerre de l'Union. Les chroniques du commencement du seizième siècle la représentent comme un immense marécage. Lors des sièges de Richard Cœur-de-lion, s'il faut en croire, au moins les souvenirs du peuple, souvent plus fidèles que l'histoire, ce n'étoit qu'une baie profonde où venoient expirer les hautes marées. On y montre encore l'endroit où montoit l'Océan. Pourquoi des marins du Brabant n'auroient-ils pas apporté leurs arts et leur industrie sur les parages de ces hardis navigateurs qui devoient un jour civiliser la Floride? Les tours, les donjons, les fortifications de Guillaume, de Philippe, de Richard, sont tombés; et la maison du matelot étranger qui est venu placer quelques briques au pied des murailles de Pepin ou de Carloman subsiste toujours. Il seroit peut-être facile de démontrer que la pêche et le cabotage ont fondé plus de monuments et laissent plus de souvenirs chez tous les peuples que les institutions du génie politique et les succès de la gloire militaire.

Le style de l'église d'ARQUES est presque entièrement du seizième siècle. Des contreforts couverts de *colonnettes* légères, d'ogives aiguës qui se profilent continuellement en ressaut sur un plan bizarre, soutiennent ou ornent l'édifice, et s'y rattachent çà et là par des arcs percés à jour, sculptés avec beaucoup de richesse et de goût. Cette finesse de travail sembleroit indiquer un peuple amoureux de ses ouvrages, et par conséquent, s'il étoit possible de le penser contre le témoignage de l'histoire et de la raison, un état de société qui n'étoit pas tout-à-fait malheureux, car il doit être rare que l'esclave prenne plaisir à orner son cachot et à dorer sa chaîne; mais ce luxe d'ornements étoit réservé à la maison du Seigneur devant qui s'humilient toutes les puissances, et à la décoration des tombeaux où elles viennent toutes s'évanouir. L'homme violemment dépouillé de ses privilèges naturels aimoit à se dédommager de son avilissement sur la terre, par la perspective de l'égalité infaillible qu'elle nous réserve. Taillée dans le marbre qui renfermoit son cercueil, l'image d'un tyran n'étoit plus qu'un cadavre; et les pauvretés même de cette imitation d'une nature enfin soumise à la destinée commune tenoient à un profond sentiment de dignité morale. Le ciseau du sculpteur classique dans un pays libre avoit dû respecter l'œil et la pensée. Celui du sculpteur chrétien chez des peuples esclaves devoit rappeler aux grands toutes les misères de la mort.

L'architecture du CHATEAU D'ARQUES n'étoit pas ornée. Son plan étoit vaste, son aspect sévère; son isolement et ses traditions le rendoient plus redoutable encore que sa position, dont le perfectionnement de la stratégie a détruit tous les avantages. Il a conservé ceux d'un site pittoresque de la plus rare beauté. Après avoir traversé son pont-levis et ses

LE CHATEAU D'ARQUES.

portes sous des herses menaçantes, on parvenoit à l'immense cour du donjon. Du haut de sa tour, on découvroit au-dessous de soi le sommet de toutes celles qui flanquoient le CHATEAU, et les entrées du nord et du midi; et puis un peu plus bas, les maisons sombres de la vallée d'AR-QUES, du milieu desquelles s'élançoit l'aiguille du clocher; et puis les bois qui couvrent les coteaux de l'est et de l'ouest, et la jolie rivière qui serpente dans le val sous des berceaux de coudriers. Après tout cela, l'œil trouvoit le faubourg historique du Pollet, les grandes fabriques de Dieppe avec sa pyramide gothique et ses vieux remparts; et la mer et le ciel qui embrassoient le reste de l'horizon.

FIN DU PREMIER TOME.

Château d'Arques, côte du Nord
du chemin de Tranerse

Entrée du Château d'Arques.

Vue Générale de la plaine d'Arcug.

Ruines du Château d'Arques, Côte du Midi.

Cour du Château d'Arques

Entrée du Château d'Arques

TABLE DES ARTISTES

ET AVIS AU RELIEUR.

Si les éditeurs des *Voyages pittoresques* doivent des témoignages de reconnoissance aux nombreux souscripteurs qui ont si honorablement soutenu leur entreprise, on jugera sans doute qu'ils n'en doivent pas moins aux artistes distingués dont les productions auront fait son succès et sa gloire. Sans le concours de leurs admirables talents, les éditeurs des *Voyages pittoresques* manquoient le but qu'on les flatte d'atteindre, celui d'élever un monument aux arts et à la patrie; et si ce bonheur n'échappe pas à leurs vœux, ils en seront redevables au zèle de tant d'amis, rivaux d'émulation, qui ont bien voulu faire de leur ouvrage les annales de notre histoire et de nos souvenirs.

AVIS AU RELIEUR.

N. B. Les planches précèdent toujours le texte dans chaque chapitre. Cette table indique l'ordre dans lequel elles doivent être placées.

MM.
FRAGONARD. Vignette de frontispice.
VISCONTI et SMITH. Vignette du titre. Médaille de Rollon, premier duc de Normandie.

MM.
ATTHALIN (le baron). Vignette de l'introduction. Un soldat du moyen âge parmi des ruines.
Croquis de la planche 1, par M. J. T.

TABLE DES ARTISTES.

MM.

ATTHALIN (le baron). Planche I. Maison de Templiers à LOUVIERS.
Croquis de la planche II, par M. J. T.
ATTHALIN (le baron). Planche II. Vue intérieure de l'église de Louviers, prise de la grande entrée.
ATTHALIN (le baron) et TAYLOR. Vignette du chapitre. Porche de l'église de Louviers, côté du midi.
PICOT. Planche III. Les deux amants.
GOSSE. Vignette du chapitre. Tombeau des deux amants.
Croquis de la planche IV, par M. J. T.
WATELET. Planche IV. Ruines du château de Robert-le-Diable.
Croquis de la planche V, par M. J. T.
CICERI. Planche V. Souterrains du château de Robert-le-Diable.
ATTHALIN (le baron). Vignette du chapitre. Robert-le-Diable.
Croquis de la planche VI, par M. J. T.
TRUCHOT. Planche VI. Entrée de l'abbaye de Jumièges, côté de l'occident.
N. B. Cette partie du monument est la seule qui subsiste aujourd'hui.
ATTHALIN (le baron). Planche VII. Entrée de la salle des gardes de Charles VII.
VERNET (Horace). Planche VIII. Grande église de l'abbaye de Jumièges.
FRAGONARD. Planche IX. Ruines du cloître.
VAUZELLE. Planche X. Église de Saint-Pierre, abbaye de Jumièges.

MM.

FRAGONARD. Planche XI. Ruines de l'église de Saint-Pierre.
Croquis de la planche XII, par M. J. T.
DAGUERRE. Planche XII. Ruines de l'Abbaye, côté du nord.
PICOT et SMITH. Planche XIII. Détails d'architecture de différents âges.
SMITH et LANTÉ. Planche XIII bis. Détails d'architecture de différents âges.
VÈZE (Charles de). Planche XIV. Fragments du Tombeau des *Enervés*, à l'abbaye de Jumièges.
FRAGONARD. Planche XV. Fragments d'architecture.
BALTARD. Planche XVI. Ruines du chœur et de l'abside de la grande église de l'Abbaye.
Croquis de la planche XVII, par M. J. T.
TAYLOR. Planche XVII. Tombeau d'Agnès Sorel.
CAILLEUX (Alphonse de). Planche XVIII. Plan des ruines de l'abbaye.
BERGERET. Vignette du chapitre. Charles VII au Manoir du Mesnil.
FRAGONARD. Planche XIX. Chapelle du Saint-Sépulchre, église de Caudebec.
Planche XX. Fragments d'architecture des quatorzième et quinzième siècles.
VÈZE (Charles de). Planche XXI. Porte de l'escalier de l'orgue, église de Caudebec; architecture du seizième siècle.
BOURGEOIS. Vignette du chapitre. Chapelle de Notre-Dame de Barre-y-va.

TABLE DES ARTISTES.

MM.

ISABEY. Planche XXII. Ruines de l'abbaye de Saint-Wandrille. Une prédication.

FRAGONARD. Planche XXIII. Ruines de la grande église de Saint-Wandrille. Planche XXIV. Fragments de ruines du côté septentrional de la croix.

ATTHALIN (le baron). Planche XXV. Église de Saint-Michel, à Saint-Wandrille.

SMITH. Planche XXVI. Détails d'architecture de différents âges.

FRAGONARD. Planche XXVII. Chapiteaux de l'abbaye de Saint-Wandrille et de l'église de Saint-Michel.

ATTHALIN (le baron). Vignette du chapitre. Vue extérieure des ruines de l'abbaye.

BOURGEOIS. Planche XXVIII. Vue générale de Lillebonne.

TRUCHOT. Planche XXIX. Ruines du château d'Harcourt, à Lillebonne.

FRAGONARD. Planche XXX. Vue intérieure des ruines de la grande salle du château d'Harcourt.

ISABEY. Planche XXXI. Escalier de la grande tour du château d'Harcourt.

ATTHALIN (le baron). Planche XXXII. Fossés de la grande tour du château d'Harcourt.

BOURGEOIS. Planche XXXIII. Ruines du théâtre romain de Lillebonne.

FRAGONARD. Planche XXXIV. Entrée de l'église de Lillebonne. Portail principal.

MM.

GUÉ. Planche XXXV. Détails d'architecture, église de Lillebonne.

FRAGONARD. Planche XXXVI. Détails d'architecture, château d'Harcourt. Vignette du chapitre. Guillaume-le-Conquérant plantant l'étendard de France sur les côtes d'Angleterre.

ROBERT et REGNIER. Planche XXXVII. Ruines du château de Tancarville, prises de la forêt.

VÈZE (Charles de). Planche XXXVIII. Château de Tancarville, du côté de Quillebœuf.

TRUCHOT. Planche XXXIX. Murs extérieurs du château de Tancarville.

BOURGEOIS. Planche XL. Entrée du château de Tancarville.

FRAGONARD. Planche XLI. Ruines du donjon du château de Tancarville. Planche XLII. Ruines du château de Tancarville, prises dans la grande cour.

VERNET (Horace). Vignette du chapitre. Combat du sire d'Harcourt et du chambellan de Tancarville.

BOURGEOIS. Planche XLIII. Vue générale d'Harfleur.

VAUZELLÆ. Planche XLIV. Porche de l'église d'Harfleur.

SMITH et DAGUERRE. Planche XLV. Vue intérieure du porche de l'église d'Harfleur.

FRAGONARD. Vignette du chapitre. La femme du matelot.

VERNET (Horace). Planche XLVI. Entrée du port du Havre.

TABLE DES ARTISTES.

MM.

Villeneuve. Planche XLVII. Vue générale de l'église de Graville.

Gué. Planche XLVIII. Église de Graville, côté du nord.

Thiénon. Planche XLIX. Ruines du clocher de l'église de Graville.

Atthalin (le baron). Planche L. Croix du cimetière de Graville.

Truchot. Planche LI. Escalier du clocher de l'église de Graville.

Isabey. Planche LII. Intérieur de l'église de Graville, chapelle de sainte Honorine.

Fragonard. Planche LIII. Grand escalier de l'église de Graville.

Moench. Planche LIV. Détails d'architecture de différents âges, église de Graville.

Isabey. Vignette du chapitre. Fragments de sculpture et d'architecture.

Gué. Planche LV. Porte de la ville de Montivilliers.

Vauzelle. Planche LVI. Abbaye de Montivilliers.

Truchot et Le Prince. Planche LVII. Abbaye de Montivilliers, côté de l'occident.

Villeneuve. Planche LVIII. Intérieur de l'église de Montivilliers, vue prise de la grande entrée.

Vauzelle. Planche LIX. Intérieur de l'église de Montivilliers, dans une des branches de la croix.

Fragonard. Planche LX. Abside de l'église de Montivilliers.

MM.

Vauzelle. Planche LXI. Détails d'architecture.

Fragonard. Planche LXII. Chapiteaux, clefs de voûtes, et figures qui terminent les colonnes, et supportent les poutres de la nef.

Planche LXIII. Détails d'architecture et de sculpture.

N. B. On y remarquera l'étrange figure d'un damné dévoré par une louve maigre, avec cette inscription : Par trop mauvaistié, la chicc' face m'auale.

Vignette du chapitre. Vue intérieure du porche de l'église.

Villeneuve. Planche LXIV. Vue générale de l'abbaye de Fécamp.

Vauzelle. Planche LXV. Abbaye de Fécamp, côté de l'orient.

Fragonard. Planche LXVI. Chœur de la grande église de l'abbaye de Fécamp.

Arnout et Cailleux (de). Planche LXVII. Abbaye de Fécamp, intérieur de la grande église.

Fragonard. Planche LXVIII. Église paroissiale de Fécamp.

Planche LXIX. Détails d'architecture de l'église abbatiale.

Planche LXX. Chapiteaux et bases de la même église.

Vernet (Horace). Vignette du chapitre. Falaises de Fécamp.

Fragonard. Planche LXXI. Château de Dieppe, entrée du côté de la ville.

TABLE DES ARTISTES.

MM.

REGNIER. Planche LXXII. Château de Dieppe, entrée du côté de la campagne.

ATTHALIN (le baron). Planche LXXIII. Église de Saint-Jacques à Dieppe.

FRAGONARD. Planche LXXIV. Une des chapelles de l'église de Saint-Jacques.

VILLENEUVE. Planche LXXV. Chapelle du Saint-Sépulcre, église de Saint-Jacques.

VERNET (Horace). Vignette du chapitre. La croix des matelots.

FRAGONARD. Planche LXXVI. Vue du château d'Arques, côté du nord, prise du chemin de traverse.

VILLENEUVE. Planche LXXVII. Entrée du château d'Arques, vue intérieure.

MM.

ROBERT. Planche LXXVIII. Vue du château d'Arques, prise du donjon.

N. B. C'est dans la plaine qu'on aperçoit de ce point que s'est donnée la bataille d'Arques.

ATTHALIN (le baron). Planche LXXIX. Ruines du château d'Arques, côté du midi.

ALLAUX. Planche LXXX. Ruines de la seconde porte du château, prises de la grande cour.

ATTHALIN (le baron). Planche LXXXI. Entrée du château d'Arques, vue extérieure.

VERNET (Horace). Vignette du chapitre. Combat de cavalerie, à la journée d'Arques.

SOUSCRIPTEURS

AUX

VOYAGES PITTORESQUES ET ROMANTIQUES

DANS L'ANCIENNE FRANCE.

Les éditeurs des *Voyages Pittoresques* se font un devoir d'ajouter à ce premier tome de leur ouvrage la liste des souscripteurs comme un témoignage de leur reconnoissance. L'entreprise qu'ils ont eu le bonheur d'amener à un si haut degré de prospérité différant sous tous les rapports de la plupart de celles qui occupent actuellement la librairie françoise, et ne reposant ni sur une institution nationale fondée dans l'intérêt des arts, ni sur une spéculation financière, mais sur l'émulation désintéressée de trois amis peu favorisés de la fortune, ne pouvoit parvenir à son accomplissement sans le concours d'un grand nombre de souscriptions. Cette liste prouvera que la France est riche en citoyens jaloux de recueillir tous les souvenirs qui intéressent sa gloire, et de contribuer à tous les monuments qui la consacrent dans l'avenir.

N. B. Un grand nombre de souscripteurs s'étant servis de l'intermédiaire des libraires, leurs noms ne sont pas parvenus aux éditeurs. Ils sont priés de vouloir bien les leur adresser dans le courant de l'impression du second tome, à la fin duquel cette omission inévitable sera réparée dans une liste supplémentaire.

SOUSCRIPTEURS.

LE ROI.

S. A. R. MONSIEUR.
S. A. R. MONSEIGNEUR LE DUC D'ANGOULÊME.
S. A. R. MADAME.
S. A. R. MADAME LA DUCHESSE DE BERRY.
S. A. S. MONSEIGNEUR LE DUC D'ORLÉANS.
S. A. R. MADAME LA DUCHESSE D'ORLÉANS.
S. A. S. MADEMOISELLE, DUCHESSE D'ORLÉANS.
S. A. S. MONSEIGNEUR LE DUC DE BOURBON.

SA MAJESTÉ L'EMPEREUR DE TOUTES LES RUSSIES.
SA MAJESTÉ L'EMPEREUR D'AUTRICHE.
SA MAJESTÉ LE ROI DE PRUSSE.
SA MAJESTÉ LE ROI DE BAVIÈRE.
SA MAJESTÉ LE ROI DES PAYS-BAS.
S. A. LE PRINCE ROYAL DE PRUSSE.
S. A. R. LA PRINCESSE DE CUMBERLAND.

LE MINISTÈRE DE L'INTÉRIEUR.
LE MINISTÈRE DE LA GUERRE.
LE MINISTÈRE DE LA MAISON DU ROI.

La Bibliothèque de la ville d'ARRAS.
La Bibliothèque de la ville de CAEN.
La Bibliothèque de la ville de ROUEN.

La Bibliothèque de la ville de MILAN.

MM.
ABADIE, architecte, à Angoulême.
ACKERMANN, à Londres.
ADDA (le marquis d'), à Milan.
ALBERT, artiste, à Paris.

MM.
AMBRAY (le vicomte Emmanuel d'), à Paris.
ANCELLE, libraire, à Paris.
ANDRÉ, artiste, à Paris.

SOUSCRIPTEURS.

MM.

ANDRÉ (Aimé), libraire, à Paris.
ANDRÉ (Jean), négociant, à Paris.
ANGER (le comte d'), à Meneval.
ANTONIO (le comte S.), à Londres.
ARCELOT, à Paris.
ARCHIAC (Alfred d'), à Dijon.
ARTARIA et FONTAINE, à Manheim.
ATTHALIN, président de la Cour royale, à Colmar.
ATTHALIN (le baron), à Paris.
AUVRAY, à Paris.
AUVRAY (Paul), à Paris.
BAGUENAULT, (madame), à Paris.
BAILLARDEL, à Paris.
BALLAINVILLIERS (la baronne de), à Paris.
BAR (le comte de), à Paris.
BARAGUAY-D'HILLIERS (la comtesse), à Paris.
BARDI (Luigi), à Florence.
BARTHE (le vicomte de LA), à Caen.
BAUCHAU, notaire, à Paris.
BAUFFREMONT (le prince de) à Port-sur-Saône.
BEAUMONT (la duchesse de), à Paris.
BECKER (madame), à Paris.
BELLART, à Paris.
BENARD, marchand d'estampes, à Paris.
BÉRARD, homme de lettres, à Paris.
BERGERET (madame veuve), libraire, à Bordeaux.
BERSOLLES aîné, à Brest.
BERTHEMY (le chevalier), à Paris.
BERTHOUT, à Paris.
BERTRAND (Arthus), libraire, à Paris.
BEUZELIN, trésorier de la maison du Roi, à Paris.

MM.

BÈZE (de), à Paris.
BIDAULT, à Paris.
BLAISE, libraire, à Paris.
BLANGINI, artiste, à Paris.
BLEUART, à Orléans.
BLÉVILLE (de), à Paris.
BLOMAERT (madame), à Paris.
BLOSSEVILLE (la comtesse de), à Paris.
BLOUET, libraire, à Rennes.
BLUET, libraire, à Paris.
BOHAIRE, libraire, à Lyon.
BOISGUILBERT (Charles de), à Penterville.
BOISSIEU (Ed. de), à Paris.
BOISSY-D'ANGLAS (le comte), à Paris.
BONALD (l'abbé de), à Paris.
BONNECHOSE, à Paris.
BONY DE CASTELLANE (madame la comtesse), à Paris.
BOUCHARDY, peintre, à Paris.
BOUÉ, négociant, à Bordeaux.
BOUILLERIE (le baron de LA), à Paris.
BOULADE, négociant, à Paris.
BOURDON, à Paris.
BOURRIENNE (le baron de), à Paris.
BOUTON, artiste, à Paris.
BOYER (le général), à Saint-Domingue.
BRANTÈS (le marquis de), à Paris.
BROGLIE (le prince Octave de), à Paris.
BROSSES (le marquis de), préfet, à Nantes.
BROSSIER (madame), à Paris.
BRUXELLES (de), à Paris.
BRUZARD (Félix), à Paris.
BUIGNY (madame de), à Paris.
BUJAC, à Paris.
CALY, ingénieur des mines, à Paris.

SOUSCRIPTEURS.

MM.

CABEUIL-DE-BOISGILBERT (madame), à Rouen.
CACCIA, à Paris.
CARAMAN (le comte Georges de), à Londres.
CARON, fils aîné, à Rouen.
CASTERMANN, libraire, à Tournay.
CATUFFE, à Paris.
CAZES (de), receveur-général, à Chartres.
CHABOT (le comte de), à Paris.
CHAMPIN, artiste, à Paris.
CHAMPOLLES (de), à Paris.
CHARDIN, ancien libraire, à Paris.
CHAROST (la duchesse de), à Paris.
CHARPENTIER (mademoiselle), à Paris.
CHATEAUBOURG (de), à Paris.
CHATEAUFORT (de), maire, au Mans.
CHATRE (le duc de LA), à Paris.
CHAUVÉ (Jules), à Paris.
CHENARD, artiste, à Paris.
CHEMIN-DE-BEUVRY, à Paris.
CIBEÏNS (le comte de), à Paris.
CICERI, artiste, à Paris.
CIVRAC (le duc de), à Paris.
CLERC (X.), à Rouen.
CLÉMENT, marchand d'estampes, à Paris
CLERMONT (le comte Amédée de), à Paris.
COIGNY (de), à Paris.
COLNAGHI et Compagnie, à Londres.
COLNET, libraire, à Paris.
COMARD, à Paris.
COMBES (de), à Paris.
COOLS DESNOYERS, chef d'escadron, à Paris.
CORCELLE, architecte, à Bordeaux.
COULMAIN (de), à Paris.

MM.

COUPAIN-DE-LA-COUPERIE, à Versailles.
COURMONT (de), à Paris.
CRISENOY (de), à Paris.
CROY CHANEL (de), à Paris.
CRUSSOL (le duc de), à Paris.
DAGUERRE, artiste, à Paris.
DALIBON, libraire, à Paris.
DAMAS, (le duc de), à Paris.
DARGENT, maire, à Amiens.
DASQUE, négociant, à Bordeaux.
DASSY, fils aîné, à Meaux.
DAUTES fils, et LODET, à Marseille.
DEBLEVILLE, au Havre.
DEBON (Paul), à Louviers.
DEBRIE, libraire, à Paris.
DEFER, marchand d'estampes, à Paris.
DEFOURNIELLE, à Bordeaux.
DEGEORGES, architecte, à Paris.
DELAHAYE, à Paris.
DELAUNEY, à Paris.
DELESSERT (Alexandre), à Paris.
DELESSERT (Gabriel), à Paris.
DELONGCHAMPS, libraire, à Paris.
DELORME (F.), à Paris.
DENTU, libraire, à Paris.
DEPLENNE, libraire, à Paris.
DESTOUCHES, architecte, à Paris.
DIDOT (Jules), à Paris.
DIDOT (Pierre), à Paris.
DUBOIS, à Paris.
DUBOYS, à Paris.
DUBROSSERON, à Paris.
DUFOR, libraire, à Paris.
DUFOUR, libraire, à Paris.
DULARY, à Paris.
DUPERREUX, artiste, à Paris.

SOUSCRIPTEURS.

MM.

Dubois, à Bourges.
Duroure (le marquis), à Paris.
Dusommerard, à Paris.
Dussumier (Georges), négociant, à Bordeaux.
Eckmuhl (le maréchal prince d'), à Paris.
Élèves (les) de l'école de la marine, à Brest.
Est (d'), à Paris.
Esterno (le comte d'), à Paris.
Étienne, homme de lettres, à Paris.
Eymery, libraire, à Paris.
Fabre (Camille), négociant, à Bordeaux.
Faivret, à Paris.
Fantin et compagnie, libraires, à Paris.
Farmin-de-Sainte-Reine, surintendant militaire, à Paris.
Faudan, à Carpentras.
Feisthamel, à Paris.
Férand, agent de change, à Paris.
Ferrand, à Paris.
Ferté (le baron de La), à Paris.
Ferté (de La), à Paris.
Fesquet (le baron), à Paris.
Feucher (Armand), à Paris.
Feuillet, intendant militaire, à Paris.
Fieffé, négociant, à Bordeaux.
Fife (le comte), à Londres.
Fischer, libraire, à Lausanne.
Fitz-James (la duchesse de), à Paris.
Floquet, à Rouen.
Fontaine, architecte du Roi, à Paris.
Forbin (le comte de), à Paris.
Foucault (mademoiselle de), à Paris.
Fouinet, à Paris.
Fourrier-Mame, à Angers.

MM.

Fragonard, artiste, à Paris.
Frère, libraire, à Rouen.
Fruglaie (le comte de La), à Morlaix.
Galifet (le comte de), colonel, à Paris.
Garnier, libraire, à Saint-Germain-en-Laye.
Gassies, artiste, à Paris.
Gassiot fils, libraire, à Bordeaux.
Gautier, négociant, à Bordeaux.
Geffrier-de-Neury, à Orléans.
Gérard (le baron), artiste, à Paris.
Geynet (Jules), à Angoulême.
Giard (Auguste), libraire, à Cambrai.
Gihaut, marchand d'estampes, à Paris.
Girodet, artiste, à Paris.
Gironi (dom), homme de lettres, à Milan.
Gontaut (la marquise de), à Paris.
Goujon, libraire, à Saint-Germain-en-Laye.
Gourdon (le comte), à Brest.
Grammont (le duc de), à Paris.
Grammont (madame de), à Paris.
Gué, artiste, à Paris.
Guiche (la duchesse de), à Paris.
Guitaud (le comte), à Semur.
Guitel, libraire, à Paris.
Guyot, artiste, à Paris.
Harcourt (le comte d'), à Paris.
Hardemberg (le prince de), à Berlin.
Haudebourt, architecte, à Paris.
Heliand (le comte d'), à Paris.
Henri, à Paris.
Heron-d'Agirone (madame), à Morlaix.
Houbigant (A.-G.), à Paris.
Houdetot (le vicomte d'), à Paris.
Houquebier, à Bordeaux.

SOUSCRIPTEURS.

MM.

Hovy, à Paris.
Hulmandel, à Londres.
Isabey, artiste, à Paris.
Janet et Cotelle, libraires, à Paris.
Jassau (le baron de), à Paris.
Jauge (A.), banquier, à Paris.
Johnson (David), négociant, à Bordeaux.
Jorand (J.), artiste, à Paris.
Jouard (madame), à Paris.
Jousselin (de), à Paris.
Jumilhac (le comte Jules de), à Paris.
Jussieu (de), à Macon.
Labouere (le vicomte de), à Paris.
Lacour, fils, de la société des Antiquités, à Bordeaux.
Lafitte, banquier, à Paris.
Lafitte, artiste, à Paris.
Laloi, libraire, à Paris.
Laforest (la comtesse de), à Paris.
Lagoutte (Alexandre de), à Dijon.
Lagrange (le marquis de), à Paris.
Laloy, libraire, à Paris.
Lambert, à Rouen.
Lanfré, à Paris.
Lapanouze (de), banquier, à Paris.
Laporte, à Paris.
Lapouckhyn (le prince), à Saint-Pétersbourg.
Lariboissière (le comte de), à Paris.
Laroche-Jaquelein (madame de), à Paris.
Lasalle, à Paris.
Latouche, homme de lettres, à Paris.
Latour-Maubourg (le marquis de), à Paris.
Latour-du-Pin (le marquis de), à Paris.

MM.

Laujun (de), à Paris.
Lauriston (le marquis Law de), à Paris.
Lauriston (le comte de), à Paris.
Lauriston (George de), receveur-général, à Nantes.
Leblanc, à Paris.
Leboucher (madame), veuve Rumare, à Escure.
Lebrun (madame), artiste, à Paris.
Lecaudey, libraire, à Paris.
Lechassier-de-Méry, à Paris.
Lecouteulx-de-Canteleu (le comte), à Paris.
Lecresne, libraire, à Caen.
Lemarcis (Gustave), à Paris.
Lenoir (madame), marchande d'estampes, à Paris.
Lepelletier (Félix), à Paris.
Lepelletier-Desforts, à Paris.
Lepine (Charles de), à Paris.
Leprince, artiste, à Paris.
Leroy (madame), à Paris.
Lesaint, artiste, à Paris.
Letissier, à Paris.
Letourmy, libraire, à Tours.
Levrault, libraire, à Strasbourg.
Lheureux, libraire, à Paris.
Liquier (Adrien), négociant, à Marseille.
Lombard (madame), à Paris.
Louvois (le marquis de), à Paris.
Luart (le marquis de), à Paris.
Luchtmans, libraire, à Leyde.
Ludolff (de), à Londres,
Lusignan (madame de), à Blois.
Madelaine (la marquise de La), à Châtillon.

SOUSCRIPTEURS.

MM.

Maillard, à Paris.
Mallet, à Paris.
Malmont (de), à Montmoyen.
Malouet (le comte), préfet, à Strasbourg.
Mansfield (lord), à Londres.
Manufacture royale de Sèvres (la).
Marck (de la), à Paris.
Marin-Bouy (le vicomte de), à Paris.
Marmier (le comte de), à Paris.
Martineau, à Paris.
Massiac (le marquis de), à Paris.
Masson (madame), à Rouen.
Masvert, libraire, à Marseille.
Maupassan (de), à Caen.
Melling, architecte, à Paris.
Menessier, à Metz.
Menjaud, artiste, à Paris.
Mercey, à Paris.
Mesny, à Paris.
Metternich (le prince Victor de), à Vienne.
Moisan, à Rouen.
Mongie aîné, libraire, à Paris.
Montebello (madame la duchesse de) à Paris.
Montigny (le chevalier de), à Orléans.
Montlivault (le comte de), préfet, à Caen.
Montmorency (le vicomte Mathieu de), à Paris.
Montmorency (le baron Raoul de), à Paris.
Montpinçon, à Caen.
Morel-de-Vindé (le marquis de), à Paris.
Morfontaine (madame de), à Paris.
Moutis-de-Boisgautier (des), à Paris.

MM.

Munich, artiste, à Paris.
Murinais (la comtesse de), à Paris.
Musigny, à Paris.
Nicolle (M. l'abbé), à Paris.
Nicolle, libraire, à Paris.
Noras (de), à Orléans.
Noubtier, à Paris.
Odiot, à Paris.
Orloff, sénateur de Russie (le comte).
Osmond (la comtesse d'), à Paris.
Orsay (le général d'), à Paris.
Osterwald l'aîné, à Paris.
Oury-Laroche, à Paris.
Pagni, à Florence.
Panisse (le comte de), à Marseille.
Pardieu (Louis de), à Paris.
Parseval, à Paris.
Pasquier (Jules), à Paris.
Pastoret (le comte de), à Paris.
Pavie, libraire, à Angers.
Péan-de-Saint-Gilles, notaire, à Paris.
Peaulier (de), à Paris.
Pélicier, libraire, à Paris.
Périé, artiste, à Paris.
Perey (de), à Paris.
Perrier, architecte, à Paris.
Perrot, négociant, à Bordeaux.
Perrot (le chevalier Frédéric), à Paris.
Personnes-Desbrières, à Paris.
Piautaz, à Paris.
Pichard, libraire, à Paris.
Pierrecourt (le marquis de), à Paris.
Pilvois, à Amiens.
Plantade, artiste, à Paris.
Pons, fils, négociant, à Bordeaux.
Pontet, négociant, à Bordeaux.

SOUSCRIPTEURS.

MM.

POTEY, libraire, à Paris.
POURTALÈS (le comte James de), à Paris.
PRESSIGNY (le marquis de), à Paris.
PRÉVOST (Auguste LE), homme de lettres, à Rouen.
PUGIN, architecte, à Londres.
QUESNEL (Édouard), à Rouen.
QUESNEL (Louis), à Rouen.
RAFFETOT, à Rouen.
RAGUSE (la duchesse de), à Paris.
RAIMBAUT, à Paris.
RANFER-DE-MONCEAU, à Dijon.
RAOUL-CHAUSSÉE, au Havre.
RAOUL-ROCHETTE, membre de l'Institut, à Paris.
RAVEZ, à Paris,
REDON, libraire, à Paris.
REIZET, receveur-général, à Rouen.
RENARD (madame veuve) libraire, à Paris.
RENAUD-DE-WILBACK, à Paris.
RENAUT (madame), libraire, à Rouen.
REY (le baron Auguste de), à Paris.
REY et GRAVIER, libraires, à Paris.
RIBOUTÉ, homme de lettres, à Paris.
RICHAUD, à Paris.
RICHEPANSE (la baronne de), à Paris.
ROCHECHOUART (le comte de), à Paris.
RODWEL et MARTIN, à Londres.
ROGER (Augustin), négociant, à Bordeaux.
ROLAND, conservateur du Musée de Grenoble.
ROQUE-DE-MONS (le vicomte de LA), au Havre.
ROTTSCHILD (le baron), à Paris.
ROUGE (le marquis de), à Paris.

MM.

ROUGEMONT-DE-LOEWENBERG, fils, à Paris.
ROUSSE, notaire, à Paris.
ROUSSEAU, libraire, à Paris.
ROUX, libraire, à Paris.
ROYER, libraire, à Paris.
RUMILLY (le baron de), à Paris.
SAINT, artiste, à Paris.
SALVERTE, à Paris.
SAMSON, artiste, à Paris.
SANSAC (le comte de), à Tours.
SASSENAY (le marquis de), à Paris.
SAUCÈDE, négociant, à Paris.
SCHAUMBOURG et compagnie, à Vienne.
SCHUTTLENORCH, à Dijon.
SEILLIÈRE aînée (madame), à Paris.
SEILLIÈRE jeune (madame), à Paris.
SENÉF, libraire, à Nancy.
SENONNES (le vicomte de), à Paris.
SESMAISONS (le comte de), à Paris.
SIGY (de), à Paris.
SIMIER, relieur du Roi, à Paris.
SORNERY, à Paris.
SAINT-ALBIN (l'abbé de), à Paris.
SAINT-DIDIER (la comtesse de), à Paris.
SAINT-FLORENT et HAUER, à Saint-Pétersbourg.
SAINT-PORT (de), à Paris.
SAINT-PRIEST (le comte Armand de), à Paris.
SAINTE-MARIE (de), à Paris.
SUSSY (le baron de), à Paris.
TAILLET, avocat, à Rouen.
TAYLOR (Isely), à Leyde.
TERRAY, à Paris.
TEYCHENEY, libraire, à Bordeaux.

SOUSCRIPTEURS.

MM.

THAYER (Amédée), à Paris.
THIBEAU, à Macon.
TIOLIER, artiste, à Paris.
TITON, à la Rochelle.
TOURET (Amédée), homme de lettres, à Paris.
TOUSSAINT, architecte, à Rambouillet.
TOUSTAINT (la comtesse de), au château de Canappeville.
TRESVAUX-DE-FRAVAL, à Paris.
TREUTTEL et WURTZ, libraires, à Paris.
TRION-DE-MONTALEMBERT (le comte de), à Abbeville.
TRUCHOT, artiste, à Paris.
TULOU, artiste, à Paris.
TURIN, négociant, à Lyon.
TUSSAC (le vicomte de), à Paris.
VALARDI (SANTO), marchand d'estampes, à Milan.
VALDENUIT, préfet, à Angoulême.
VALEDAU, à Paris.
VALVEIN, notaire, à Montreuil, près Paris.
VANDOEUVRE (de), maire, à Caen.
VARENNES (de), à Paris.
VAUBRÉE (de), à Paris.

MM.

VAUGUYON, maire de Neuville et Montreuil.
VERDUN (de), à Paris.
VERGENNES (le comte de), à Paris.
VERGENNES (Alph. de), à Paris.
VERNET (Horace), artiste, à Paris.
VÈZE (le chevalier de), à Paris.
VIBRAYE (le marquis de), à Paris.
VIEUSSIEUX, libraire, à Toulouse.
VIGIER (Achille), à Paris.
VIGNES (de), à Paris.
VILLE-D'AVRAY (le baron de), à Paris.
VILLERET, artiste, à Paris.
VILLIERS (de), à Paris.
VIOTTI, artiste, à Paris.
WALKONSKY (la princesse), à Saint-Pétersbourg.
WATELET, artiste, à Paris.
WESTMORELAND (la duchesse de), à Rome.
WIMPFFEN (le baron Gustave de), à Bayeux.
WORMS, instituteur, à Bordeaux.
WOSS, à Paris.
ZIMMERMANN, artiste, à Paris.

1.

Table pour classer dans le Volume relié les textes, et les Lithographies et les gravures

Première partie : Voyages pittoresques et Romantiques dans l'ancienne France —

[...le titre...]
Voyages pittoresques et Romantiques dans l'ancienne
France [...] l'Ancienne
[...]

Hoc Normannorum Willelmum nostre patronum signo. — Hoc Anglis regem signo fatiscis eundem 1069.

Une demi feuille sur laquelle se trouve en gothique Normandie.

Introduction.

Les huit feuillets de l'introduction de a à h. —

Lisieux — 1ère, 2ème, 3ème, 4ème feuille et une demi feuille terminée par [...] Bachelier représentant le Château du Mesnil-Guillaume près Lisieux. folios 1 à 13. ✗

Caen — une demi feuille et les feuilles 5. 6. 7. 8. 9. 10. 11. la onzième terminée par une vignette représentant [...] de St. Étienne le vieux à Caen — dessiné et litho. par A.P. Lemaître. folios 13 à 43. ✗

Bayeux — les feuilles 12. 13. 14. 15. 16. et une demi feuille de la 17ème folios 44 à 66.

Vire et le Bocage Normand — une demi feuille et la feuille 18 et une demi feuille folios de 67 à 74.

Falaise — une demi feuille et les feuilles 20. 21. 22. 23. et une demi feuille folios 75 à 94.

Alençon, Mortagne, Séez, Argentan, Domfront — une demi feuille et les feuilles 25. 26. 27. 28. 29. cette dernière terminée par une vignette représentant [...] St. Germain d'Argentan dessiné et litho. par Émile Sagot. folios 95 à 116.

Coutances et le Cotentin — les feuilles 30. 31. folios 117 à 124.

2

Saint-Lo, Carentan, Valognes, Cherbourg, Granville. } Les feuilles 32, 33, [crossed out] et [crossed out] de la 34ème terminée par une vignette Église de Pontorson dessiné et lithé par Émile Sagot – folios 129 à 135 –

les folios 132, 134, 135.

Lithographies et gravures
à la suite du Texte

Lisieux ✗ — Vue générale de la Cathédrale d'Évreux — Dessiné par A.F. Lemaitre — Litho. par Eug. Cicéri —
Apside de la Cathédrale d'Évreux — Dess. & litho par Eug. Cicéri —
Église St Pierre, Saint Paule Cathédrale de Lisieux — Dess. & litho par Émile Sagot.
Porte latérale du portail de la Cathédrale de Lisieux — Dess. & litho par Émile Sagot.
Ancien évêché de Lisieux — { Dess. # par Émile Sagot. Litho. Gravé par Mme Clément.

www.ingramcontent.com/pod-product-compliance
Lightning Source LLC
Chambersburg PA
CBHW070616160426
43194CB00009B/1289